D1674040

böhlauWien

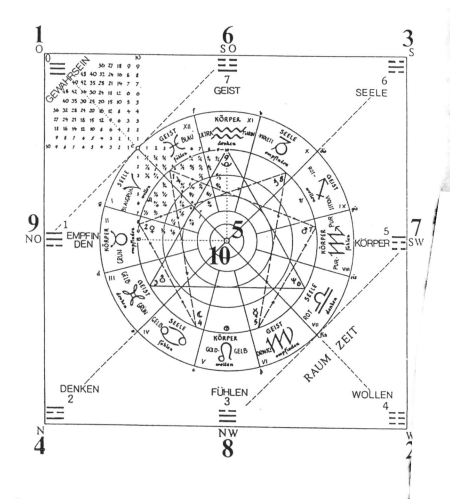

Arnold Keyserling

Der neue Name Gottes

Die Weltformel und ihre Analogien in der Wirklichkeit

Böhlau Verlag Wien · Köln · Weimar

Lektorat: Alexandra Terzic-Auer

Bildnachweis:
Cover, Abb. S. 28: Albrecht Dürer, Die Melancholie, Kupferstich (Ausschnitt),
Albertina Wien, Inv. Nr. 1930/1525.
Alle übrigen Abbildungen stammen vom Autor.

Die Deutsche Bibliothek – CIP-Einheitsaufnahme
Ein Titeldatensatz für diese Publikation ist bei
Der Deutschen Bibliothek erhältlich
ISBN 3-205-99340-3

© 2002 by Böhlau Verlag Ges. m. b. H und Co. KG, Wien · Köln · Weimar
http://www.boehlau.at

Gedruckt auf umweltfreundlichem, chlor- und säurefreiem Papier
Druck: Berger, Horn

Inhalt

1. Vorwort von Dago Vlasits 7

2. Mein Weg zum Rad 21

3. Semiotik 40
    Spracherwerb I 47
    Die Wortarten 56
    Spracherwerb II 63

4. Kosmogonie 69
    Die Töne 69
    Dimensionen und Zahlenarten 74
    Die Farben 79
    Der Kosmos 80
    Die Evolution 84
    Die Information 86
    Die Elemente 87
    Die Pflanze 93
    Das Tier 94
    Der Mensch 96

5. Yoga 99
    Die Übungen 101
    Die 7 Chakras 105

6. I Ging 119
    Das Münzenorakel 134
    Weg der Erde 141
    Weg des Menschen 143
    Weg des Himmels 145
    Weg des Sinnes 147

7. Astrologie 150
    Das Weltenjahr 150
    Das Horoskop 158

8. Das Meisterspiel 166
    Das Spiel 183

9. Der neue Name Gottes – Schlusswort 189

I.

Vorwort

von Dago Vlasits

Mit dem herrschenden Konsens, daß die Frage nach dem Sinn im Rahmen des naturwissenschaftlichen Weltbildes nicht gestellt und diskutiert werden kann – was für viele gleichbedeutend ist mit der Auffassung, daß es überhaupt keine wahren, also allgemeingültigen Antworten auf diese Frage gibt –, mit diesem aufklärerischen Konsens sieht sich heute jeder philosophische und religiöse Denker konfrontiert. Wahrheit im Sinne von Richtigkeit hat im naturwissenschaftlichen Denken ihren Platz, wer aber auf philosophischem Gebiet Wahrheiten verkündet, macht sich verdächtig. Wenn zudem ein Philosoph seine entdeckten Wahrheiten auch noch als eine den Menschen wandelnde Weisheit versteht, bei der Gewinnung dieser Weisheit der Naturwissenschaft eine konstitutive Rolle einräumt und obendrein die transzendente Wirklichkeit als eine sinnliche bestimmt, dann hat er nicht nur das naturwissenschaftliche Lager gegen sich, sondern auch das der Geisteswissenschafter und der Religiösen. In den Augen dieser Kritiker kann es sich bei einer solchen Philosophie wohl nur um den Rückfall in Esoterik und Hermetik, um unzulässige Grenzüberschreitungen und generalisierenden Dilettantismus handeln, wenn nicht gar um einen totalitären Wahn, welcher den weltanschaulichen Pluralismus und die geistige Toleranz gefährdet.

Das Werk von Arnold Keyserling ist mit Anfechtungen dieser Art konfrontiert, und soweit es überhaupt wahrgenommen wird, hat es bislang nur außerhalb der akademischen Welt Anerkennung gefunden. Allerdings steht einer positiven Rezeption seiner Bücher auch die schwierige Lesbarkeit dieser Texte entgegen, was nicht nur auf den Stil, sondern durchaus auch auf die Natur und den Inhalt dieses Denkansatzes zurückzuführen ist. Doch als inspirierter Lehrer und Vortragender begeistert Arnold Keyserling nun seit Jahrzehnten unzählige Menschen durch das lebendige Wort. Tatsächlich ist aber die Essenz seines philosophischen Beitrags nicht so sehr eine abgeschlossene Theorie, sondern stellt sich formal als ein geometrisches Bild dar, als das sogenannte RAD. Als eines der ältesten Symbole der Menschheit, das für Vollendung und Ganzheit der Erkenntnis steht, tauchte es in mehr oder weniger vollständiger Form in den verschiedenen Epochen und Kulturen auf und ist der unbewußte Hintergrund des in der Philosophiegeschichte immer wieder auftauchenden Begriffs der *philosophia perennis*, der immerwährenden Philosophie.

In seiner Vielschichtigkeit ähnelt das RAD einem Fraktal, ist eindeutig und endlich in seinen geometrischen und arithmetischen Beziehungen, unendlich vieldeutig aber in seiner Anwendung auf die verschiedenen Größenskalen der kosmischen und menschlichen Wirklichkeit. In diesem Symbol ist die universelle Struktur oder Grammatik freigelegt und reflektierbar gemacht, die der Wirkgrund von Wahrnehmung und Wirklichkeit ist, die aber ob ihrer Selbstverständlichkeit und dauernden Gegenwärtigkeit dem Alltagsbewußtsein entzogen ist. Das Rad ist also keine Heilslehre, die Glaube und Bekennertum erfordert, sondern Lernen und Verstehen, wobei dieses Erlernen eigentlich ein Bewußtmachen und Innewerden seiner dauernden Wirksamkeit ist. Denn wir leben dauernd im Rad, und sind durch seine Gesetze bedingt, auch wenn wir es nicht wissen. Erlernt man es aber, dann dient es als Karte auf einem Weg der Weisheit, auf dem wir zum Wirkgrund von Sein und Erkenntnis vorstoßen, den Sinn und die Bedeutung von Mensch und Kosmos erschließen und schöpferisch unser Leben gestalten. Das Rad ist somit einerseits ein Werkzeug zur Erweckung unseres wahren Subjekts, der Leere des Gewahrseins, zeigt unsere Bedingtheiten, um immer wieder zur Freiheit durchzustoßen. Andererseits aber macht es die Komponenten der menschlichen Anlage und Motivation bewußt, ist eine Hilfe für den eigenen Lebensentwurf und beim Finden der einzigartigen Aufgabe. Sie gilt es zu verwirklichen, denn die allgemeine Rolle des Menschen in der Natur wird durch das Rad definiert als die des Mitwirkenden am Werk der Erde, welcher die triebhaften Motivationen mit den geistigen Inspirationen im schöpferischen Tun verbinden soll.

Aus dieser Sicht stellt der Träger aller Motivation, der sinnliche Körper und mit ihm alle Materie, keinen Gegensatz zum Geist dar, und es ist unter anderem gerade dieses Vermögen, Natur und Geist zu vereinen und ein wirklich holistisches Weltbild zu liefern, was das RAD für unsere Zeit so bedeutsam macht. In einer Zeit, in der Geisteswissenschaften und Naturwissenschaften, aber auch die einzelnen Disziplinen innerhalb der beiden großen Lager allesamt eifersüchtig ihre Grenzen wahren, kann ein solcher Ansatz gar nicht hoch genug geschätzt werden. Denn mittlerweile wird zwar der Dialog zwischen angrenzenden wissenschaftlichen Disziplinen erfolgreich geprobt, von einer Überbrückung der Kluft zwischen Religion und Naturwissenschaft kann aber keine Rede sein. Viele sind der Überzeugung, daß bei einem Annäherungsversuch höchstens ein gegenseitiges Tolerieren erreicht werden kann, daß eine Integration und Vereinigung prinzipiell nicht möglich ist, da Religion und Naturwissenschaft offenbar von zwei verschiedenen Wirklichkeiten reden. Diese doppelte Buchführung ist jedoch nur erträglich, wenn man entweder das spirituelle Bemühen des Menschen sowieso nur als Jagd nach Chimären versteht, oder die Bewertung anders vornimmt, also den Geist über die Materie setzt und etwa die naturwissenschaftlichen Erkenntnisse als irrelevant für das spirituelle Leben erachtet. Ein solches Nebeneinander von zwei inkompatiblen Weltbildern ist jedoch nicht befriedigend, wenn man geneigt ist, Natur und Geist einer einzigen, ursprünglichen Realität zuzurechnen.

Auf welche Weise erfüllt nun das Rad eine Vermittlerfunktion, bzw. inwieweit ist es ein Bild der Ganzheit, das einen Widerspruch zwischen Religion und Naturwissenschaft gar nicht aufkommen läßt? Indem das Rad die Struktur des Bewußtseins, das Organ der Vernunft ist, ist es der unbewußte Generator aller Weltbilder. Alle Ideologien und Religionen lassen sich als besondere Synthesen oder Betonungen von bestimmten Radelementen identifizieren, und das Rad kann deutlich machen, welcher Sinn und welche Werte in dem jeweiligen Weltkonzept hervorgehoben sind. Somit ist es das unbewußte Spiel der Grammatik des Rades hinter allen Konstruktionen, das Wissen hinter dem Wissen, welches die Vielfalt der heute existierenden Ideologien, Religionen und Weltanschauungen bewirkt. Einen physikalischen Ausdruck bemühend, kann man die verschiedenen Weltbilder als „angeregte Zustände" des Rades verstehen, das Rad selber hingegen als „Grundzustand". Als solcher zeigt er die Funktionen und Bereiche des menschlichen Bewußtseins genauso, wie sich darin auch das Universum der modernen Naturwissenschaften wiederfinden läßt, mit allen heute bekannten Entitäten des Mikro-, Meso- und Makrokosmos.

In Anbetracht der Komplexität und Fülle des Wissens, das die Menschheit bis heute angehäuft hat, ist es wohl offensichtlich, daß eine derart integrale Schau nur auf Basis des analogen Denkens erreicht werden kann. Zwangsläufig ist dieses Wissen dann generalistisch und nur qualitativ. Denn das analoge Denken reduziert die verschiedensten Bedeutungsebenen auf eine einzige Ebene, die des Sinnes, wodurch erst eine ganzheitliche Schau erreicht wird und das Spezialistenwissen der Naturwissenschaften seine philosophische Relevanz gewinnt. Das Rad ist nun die Systemik des analogen Denkens, welches seinerseits auf der Numerologie beruht. Während das analytisch-digitale Denken schrittweise vorgeht, reduktionistisch ist und aus Elementen Komplexe zusammenbaut, geht das holistisch-analoge Denken von Sinnformen oder -gestalten aus, welche es in den verschiedenen Größenordnungen und Systemen als selbstähnliche Strukturen wiederentdeckt. Diese Sinngestalten sind auf die zehn Zahlen oder Ziffern rückführbar, sie eröffnen die Einfachheit des Sinnes in jeglicher Komplexität und auf jeder Bedeutungsebene, und traditionell wird diese Disziplin, welche die mathematischen Archetypen als Ursprung des Seins und des Sinnes versteht, als Numerologie bezeichnet. Sowohl Innenwelt als auch Außenwelt lassen sich numerologisch erfassen, und die Trennung in Materie und Geist, welche in der Theorie Anaxagoras als erster vorgenommen hat, erweist sich in dieser Sichtweise als sekundär. Im Rad haben Religion und Naturwissenschaft ihre gemeinsame epistemologische Wurzel, in ihm erscheinen Geist und Materie als integrale Einheit, und wie in der Hermetik wird die Evolution der Materie bis zum Menschen als die werdende Gottheit gesehen. Das Bild des materiellen Universums aber, welches sich durch die Numerologie des Rades ergibt, wird dem Menschen zur entscheidenden Orientierung bei seiner Wesensentwicklung. Doch nicht diese Radkosmologie, welche die menschliche Norm spiegelt, soll Gegenstand der folgenden Überlegungen sein, sondern der erstaunliche Befund, daß uns heute offenbar die Physik das numerologische Denken nahe legt.

Die dem Rad zugrunde liegende Methodik, die als Numerologie, Kabbalistik oder Zahlenmystik heutzutage nicht besonders hoch im Kurs steht, gründet auf der Überzeugung, daß Mathematik die Quelle der Weisheit ist. Was Mathematik eigentlich ist, welches Verhältnis sie zur Wirklichkeit hat, läßt sich nicht durch empirische Fakten oder logische Schlüsse zwingend klären, weshalb man die drei vorherrschenden Richtungen in der Mathematik, den Platonismus, den Formalismus und den Konstruktivismus durchaus als Glaubensrichtungen bezeichnen kann. Ist Mathematik eine eigenständige Realität, die unabhängig vom menschlichen Verstand existiert und entdeckt und erforscht werden kann, wie man einen Kontinent entdeckt und erforscht? Oder ist sie ein formales Spiel, den Gesetzen der Logik unterworfen und nur dann mit den realen Dingen in Beziehung, wenn die die mathematischen Objekte definierenden Axiome so gewählt wurden, daß sie eben reale Dinge und deren Verhalten abbilden? Oder ist Mathematik eine Konstruktion, die wir, ausgehend von empirischen Objekten – und immer entlang der empirischen Objekte konstruierend – handelnd erschaffen?

Gemäß dieser unterschiedlichen Grundeinstellungen der drei Schulen unterscheidet sich auch ihre Einschätzung des Status und der Natur der Zahl. Für den Platonismus sind die Zahlen in einem idealen Himmel angesiedelt, und durch das Zahlhafte an einer sinnlichen Erscheinung schimmert etwas von deren wahren Wesen und Sinn hindurch. Für den Formalismus wiederum ist die Zahl ein ebenso axiomatisch festlegbares Objekt, wie es Punkte, Bierkrüge oder unendliche Mengen sind. Für den Konstruktivismus schließlich, der auch als Intuitionismus bezeichnet wurde, liegt die Zahl in der menschlichen Psychologie begründet. Sie hat ihren Ursprung in der Fähigkeit des Zählens, welches ein Handeln mit den Urintuitionen, den Zahlen ist.

Gewiß hat der numerologische Ansatz des Rades die größte Nähe zur platonischen Einstellung, eine Einstellung, die in der kabbalistischen und hermetischen Tradition weiterwirkte, und im Pythagoräismus seine nächsten, im jungsteinzeitlichen Schamanismus seine fernsten Wurzeln hat. In diesen alten Überlieferungen sind die zehn ersten Zahlen als Namen Gottes, als schöpferische Prinzipien oder als welterschaffende und welterhaltende, transzendente Mächte begriffen worden. Die Numerologie des Rades gleicht dem Platonismus in der Auffassung, daß die Zahlen das hinter den sinnlichen Erscheinungen liegende wahre Sein sind. Doch die sinnlichen Phänomene gelten hier nicht wie in der platonischen Philosophie bloß als Schatten und Abglanz des wahren Seins. Vielmehr wird die phänomenale Welt als die Fülle der möglichen Formen betrachtet, in die das Göttliche eingehen kann, als das göttliche Pleroma, das kosmische Kleid Gottes, welches durch die Zahl gewirkt ist.

Bezüglich der Ähnlichkeiten der Numerologie mit der konstruktivistischen Mathematik ist zu sagen, daß das Zählen nicht wie im Konstruktivismus einfach als eine spezifische Art des menschlichen Handelns verstanden wird, sondern als das Urvermögen des schöpferischen Gewahrseins. Demnach sind die Zahlen die Chiffren des Sinnes, sie sind in aller Wahrnehmung und in aller Erkenntnis. Es sind die zehn „Sinngestalten", durch die wir der Wirklichkeit und der Möglichkeit, der inneren und der äußeren Erfahrung, der Wesen und Dinge in Mikro-, Makro- und Mesokosmos gewahrwerden, vom Photon über den Menschen bis zur Galaxie. Die Zahlen – in ihrem arithmetischen als auch geometrischen Aspekt – bestimmen jegliche abstrakte Struktur und jegliche natürliche Erscheinung, insofern es immer das zählende Gewahrsein ist, in welchem innere oder äußere Wirklichkeiten erscheinen. Doch wie die Grammatik bei einem Satz, bleibt der zahlhafte Charakter bei einer erfahrenen Farbe, einem erfaßten Gedanken oder einem erlebten Gefühl unbewußt.

Wenig Parallelen hat die Radmathematik mit der formalistischen Richtung in der Mathematik, die da meint, Mathematik wäre ein bedeutungsleeres Spiel mit Symbolen, welches nur dann mit der Realität übereinstimmt, wenn entsprechende Axiome festgelegt wurden. Hingegen behandelt die von Keyserling als Arithmosophie bezeichnete Disziplin die offizielle Zahlentheorie – die verschiedenen Zahlenarten und die in ihnen möglichen Rechenoperationen – als den Ursprung der räumlichen und zeitlichen Dimensionen unserer Realität. In der Arithmosophie wird die Analogie zwischen mathematischen, physikalischen und Bewußtseinsdimensionen, also der Zusammenhang der fünf Zahlenarten – natürliche, ganze, rationale, reelle und komplexe Zahlen – einerseits mit dem Schichtenbau des Kosmos, andererseits mit den Stufen des Bewußtseins formal dargestellt.

Das realistische Mathematikverständnis, wie es dem Rad zugrunde liegt, gewinnt heute durch die neuesten Forschungen auf dem Gebiet der theoretischen Physik neue Plausibilität. Vor allem die Superstringtheorie scheint zu zeigen, daß die zehn Zahlen Grund und Ursprung unserer Wirklichkeit sind. Was ist die Superstringtheorie? Sie ist das Ergebnis der Suche nach der letzten großen Vereinheitlichung in der Physik, der Suche nach dem vereinigenden Prinzip von Quantentheorie und Relativitätstheorie, der heilige Gral der heutigen Physiker. Die Theorie, welche die beiden einander widersprechenden Weltauffassungen vereinen kann, wird in populärer Sprache als TOE (theory of everything) bzw. als Weltformel bezeichnet. Bei dem Problem geht es darum, einen äußersten Gegensatz zu überwinden, also zwei einander widersprechende Pole zu einer Ganzheit zu fügen, das einende Prinzip für das Ausgedehnte und das Unausgedehnte, für das Diskrete und das Kontinuierliche zu finden. Sie schließen einander aus, und doch erleben und wissen wir beide als Realität. Mit dem String glaubt man nun das eine Urteilchen gefunden zu haben, das den Widerspruch von Quanten- und Relativitätstheorie aufhebt, bzw. aus welchem sich die Vielfalt der bekannten Teilchen in den beiden Klassen der Bosonen und Fermionen ableiten läßt.

Die Ausgangslage bei dem großen Vereinigungswerk sieht folgendermaßen aus: Die Relativitätstheorie geht vom Kontinuum des großen kosmischen Raumes aus, die Quantentheorie von den kleinen diskontinuierlichen Teilchen bzw. Quantenwirkungen, die sich ereignen. Dabei behandelt die Quantentheorie die Teilchenprozesse auf dem Hintergrund einer vorausgesetzten Raumzeit, während die Relativitätstheorie eben diese Raumzeit zum Gegenstand hat. In einem Quantenfeld, wie es der Quantenfeldtheorie zugrunde liegt, ist außerdem die spontane Erzeugung und Vernichtung von Teilchen erlaubt, gleichsam wie magisch tauchen sie auf und verschwinden im Raumzeithintergrund. In einem klassischen Feld wie dem der Relativitätstheorie ist dies hingegen nicht möglich. Hier kann nichts im Raum auftauchen oder verschwinden, nur Verformungen des Raumes sind erlaubt. Nun sind die drei Teilchentheorien, die Theorien des Elektromagnetismus, der schwachen und der starken Kraft als Quantenfeldtheorien formuliert und auch weitgehend in der GUT (grand unified theory) vereinheitlicht. Doch die vierte Kraft, die Gravitation, ist Gegenstand der allgemeinen Relativitätstheorie, die nichts mit Quanten zu tun hat und sich der Umwandlung in eine Quantenfeldtheorie widersetzt. Versucht man die Gravitationskraft zu quanteln, erfaßt sie in der sogenannten *Theorie der Quantengravitation* also als einen Gravitonenaustausch, wird sie unendlich stark, unendlich viele Gravitonen tauchen auf, was alle Berechnungen zunichte macht.

Die zwei Theorien sind zueinander komplementär, insofern jede von ihnen nur eine Seite des ursprünglichen Gegensatzes beleuchtet, das jeweilige Komplement aber als Mysterium erscheinen läßt: Der Relativitätstheorie ist der kleinste, diskontinuierliche, singuläre Raumpunkt ein Rätsel, der Quantentheorie das ungreifbare, kontinuierliche Vakuum, in welchem sich die Quantenwirkungen vollziehen. Aber wenn auch die Singularität des auf das Nichts eines Punktes geschrumpften Universums im Augenblick des Urknalls für die Relativitätstheorie nicht verstehbar ist, muß sie doch konsequenterweise eben diese Singularität als erste Ursache anerkennen (allerdings mit dem Problem, daß dann niemals die Anfangsbedingungen unseres Universums erkennbar sind, und damit die Wissenschaft in einer Sackgasse gelandet ist.) Und wenn es im Konzept der Quantentheorie auch überhaupt keinen Platz für die Vorstellung eines lückenlosen Kontinuums gibt, da hier alles – Raum, Zeit und Energie – quantisiert ist, muß sie doch auch ein Kontinuum, ein bis heute noch nicht verstandenes Vakuum der potentiellen Energie als Hintergrund aller Felder und Quantenaktivitäten annehmen. (Hier taucht dann aber als Konsequenz theoretischer Überlegungen das Problem auf, daß diese Energie unendlich oder zumindest myriadenfach größer sein müßte – bzw. in irgendeiner unbekannten Weise auch ist – als die Energiemenge, die wir in unserem Universum tatsächlich beobachten.)

Da diese Urenergie jenseits der Quantenschwelle existiert, ist es für die Physik und das rationale Bewußtsein ein Leeres, ein Nichts. Doch bloß im Alltagsbetrieb der Physik können das unbegreifliche Vakuum und die Absurdität der Singularität als bedeutungslos übersehen werden, nicht aber bei der Suche nach der Einheit der vier Kräfte und der Suche nach dem Ursprung unseres Universums. Genauso wenig ist dieses Nichts philosophisch bedeutungslos. Vielmehr müssen wir es als das formlose Feld hinter allen geformten Feldern verstehen, als die unendliche Energie, der alle endlichen Quantenwirkungen entspringen. Damit haben wir natürlich nicht die letzte Vereinheitlichung durchgeführt oder sonst einen wissenschaftlichen Beitrag zur Physik geleistet. An dieser Stelle soll es uns aber auch nicht nur um Physik gehen, sondern darum, diese Urenergie als letzte Realität des Menschen anzuerkennen. Dieses letzte Vakuum ist der keimhafte Urgrund aller sich manifestierenden Energie, im Taoismus als Chi bezeichnet. Der Schritt, dies als des Menschen tiefsten Grund anzuerkennen, sich dauernd in diesem verwurzelt zu wissen und aus diesem heraus sein Leben zu gestalten, hat nichts mit Wissenschaft und Physik im engeren Sinn zu tun, ist aber die Voraussetzung eines sinnvollen und kreativen Lebens.

Durch die Gleichsetzung des schöpferischen Ursprungs mit physikalischen Begriffen wie Vakuum oder Singularität haben wir aber letztlich doch nicht mehr erreicht als eine neue Metapher für das, wovon jeder Gläubige sowieso ausgeht, haben also bloß das Bekenntnis zum göttlichen Urgrund erneuert. Doch wenn wir diesen Weg weitergehen, werden wir erkennen, daß die neue Physik mehr als zeitgemäße Metaphern für das Bekenntnis zum schöpferischen Urgrund bereit hält. Auf diesem Weg zeigt der Kosmos Symmetrien und Strukturen, deren Verständnis dem Menschen die Natur seines eigenen Wesens eröffnet. So stehen etwa die siebenstufige Atomstruktur mit dem Energieleib der sieben Chakren und den epistemologischen Urbegriffen empfinden, denken, fühlen, wollen, Körper, Seele und Geist in analoger Beziehung. Es ist der Archetypus der Zahl, welcher in den unterschiedlichen Bedeutungsebenen von Atom, Chakrenleib und Epistemologie den einen, alles durchdringenden Sinn trägt, und letztlich diese verschiedenen Erscheinungen unserer Realität erschafft. Wie gesagt, ein solch realistisches Mathematikverständnis wird heute in einer neuen Weise durch die Superstringtheorie bestätigt, die der Numerologie somit gleichsam eine naturwissenschaftliche Begründung liefert. Der Entwicklung dieser Theorie, welche seit rund drei Jahrzehnten andauert, aber eigentlich schon in der ersten Hälfte des 20. Jahrhunderts begann, wollen wir uns kurz zuwenden. Doch sei vorausgeschickt, daß die Superstringtheorie noch nicht vollendet ist und auch noch nicht als die einzig mögliche Lösung gilt, wenngleich sie der vielversprechendste Kandidat unter den konkurrierenden Theorien zu sein scheint.

Bei dem erfolgreichen Versuch, die beiden damals bekannten Kräfte, den Elektromagnetismus und die Gravitation zu vereinen, hat Theodor Kaluza, ein Zeitgenosse Einsteins, in der Theorie eine fünfte Dimension eingeführt, unter der Annahme, daß diese wirklich, aber wegen ihrer winzigen Größe unserer Erfahrung nicht zugänglich sei. Dieses erweiterte Dimensionskonzept geriet jedoch bald in Vergessenheit, als die schwache und die starke Kernkraft entdeckt wurden, die sich auch in fünf Dimensionen nicht mit dem Elektromagnetismus und der Gravitation vereinen lassen. Heute, da man vor der Unvereinbarkeit von Quantentheorie und Allgemeiner Relativitätstheorie steht, greift man wieder auf Kaluzas Konzept einer Erweiterung der Dimensionszahl zurück. Im Rahmen der Superstringtheorie stellte sich nun heraus, daß der sich als notwendig erwiesene Schritt über die vier bekannten Dimensionen hinaus nicht bloß ein Schritt in eine fünfte, sondern ein Schritt in insgesamt sechs weitere Dimensionen ist. Notwendig ist diese zehndimensionale Geometrie deswegen, da sich nur auf einer solchen Basis die Eigenschaften der bekannten Teilchen in unserer vierdimensionalen Welt erklären lassen. Unsere fundamentale Realität ist gemäß der Superstringtheorie zehndimensional, vier Dimensionen haben sich beim Urknall entfaltet, sechs blieben eingerollt. In diesen befinden sich die Strings, eindimensionale Objekte mit einem komplexen Schwingungsvermögen. Die Schwingungen, die sie veranstalten, gleichsam die Töne, die sie erzeugen, sind die Teilchen, die in den vier entfalteten Dimensionen erscheinen und somit unsere phänomenale Welt konstituieren.

Anstatt von nulldimensionalen Punktteilchen wie im Standardmodell, geht die Stringtheorie von eindimensionalen Linien- bzw. Kreisteilchen aus. Der Punkt im Standardmodell ist einfach die Mitte des vorgestellten Teilchens bzw. seiner Ladungsfelder, die sich sphärisch um diesen Mittelpunkt anlagern. Nur diese Teilchenfelder behandelt die Standard-Teilchenphysik, der Teilchenmittelpunkt aber gilt ihr als eine Abstraktion, ja er bereitet bei den Berechnungen eigentlich große Schwierigkeiten, weil er unendliche Werte erzeugt. So müßten etwa die Ladungsfelder eigentlich unendlich sein, da die Kräfte zum Zentrum hin stärker werden, und wo der Abstand zur Mitte null ist, ist also das Feld unendlich stark. Doch so etwas gibt es nicht in unserer Wirklichkeit, hier gibt es nur Kräfte mit endlicher Stärke. Daher wurde ein mathematisches Verfahren entwickelt, die Renormierung, welche mit den störenden Unendlichkeiten fertig wird und das Punktteilchenmodell funktionstüchtig erhält; und das in den Siebzigerjahren vollendete Standardmodell liefert somit Voraussagen, die mit den Teilchenexperimenten übereinstimmen. Worauf aber die Teilchenvielfalt zurückzuführen ist, warum es die zwei Klassen der Fermionen und Bosonen, also Materieteilchen und Kraftteilchen gibt, warum sie diese und jene Ladungsstärken, Massen und andere besondere Eigenschaften haben, kann dieses Modell nicht erklären.

Der Wechsel vom unendlich kleinen Punkt zum String löste nun nicht nur das Problem mit den Unendlichkeiten – denn diese treten bei einem endlichen, eindimensionalen Objekt nicht auf – sondern löste auch das Rätsel der Teilcheneigenschaften. Der nulldimensionale Punkt im Standardmodell ist ein Ärgernis und droht die Beschreibung der vierdimensionalen Realität zu vereiteln. Er taucht quasi nur zwangsläufig auf, als abstrakter Mittelpunkt eines Feldes, der dann aber durch Renormierung unschädlich gemacht werden muß. Der kreisförmige String und sein Schwingungsverhalten hingegen liefert die Erklärung für die Beschaffenheit unserer Welt, liefert die Ursache und den Grund, warum die Teilchen in drei Raum- und einer Zeitdimension so erscheinen, wie sie eben erscheinen. Und das Problem der Vereinigung von Quantentheorie und Gravitationstheorie verschwindet, da sie von Anfang an eine Einheit bilden: Das Graviton, das Boson der Schwerkraft, wird durch die einfachste Schwingung, die Grundschwingung eines Strings erzeugt. Und komplexere Schwingungsformen erzeugen die fermionischen Quarks und Leptonen des Atoms und die anderen Bosonen, wie die Photonen des Elektromagnetismus, die Gluonen der starken Kernkraft und die Vektor-Bosonen der schwachen Kernkraft.

Wo sind aber die Strings und die verborgenen Dimensionen? Sie liegen in einer Welt, die man durch die sogenannte Planck-Skala mißt. Dies ist jene Größenordnung, die in der Quantentheorie die Grenze zur Wirklichkeit bildet, denn jeder Raum, jede Zeit und jede Energie, die kleiner ist als das Wirkungsquant – dessen Größe die kleinste Maßeinheit der Planck-Skala bildet – ist keine Wirklichkeit in unserer Raumzeit. In der Physik des 20. Jahrhunderts ist also die Quantengröße jener Bereich, wo sich überhaupt erst einmal Wirklichkeit zeigt, bzw. der Bereich, wo die Konturen der Wirklichkeit zu verschwimmen beginnen, die Unschärfe von Ort und Impuls. Doch in der Physik des 21. Jahrhunderts scheint sich auf dieser Skala ein Tor zu einer anderen Welt zu öffnen, die unausgedehnt bzw. eingefaltet auf Planckgröße an eben dieser Schwelle liegt. Was der bisherigen Physik wie ein Nichts erschien, birgt die keimhaften Anfangsgründe unserer Wirklichkeit. Es ist nicht das Nichts des unendlich kleinen Punktes, sondern die Welt der ersten und fundamentalen Einheit unseres Universums, die Welt des Wirkungsquants mit der Größe von 10^{-32} cm und 10^{-42} sec. Das Plancksche Wirkungsquant ist die Zahl Eins des Universums, es bestimmt die typische Größe eines Strings, welcher in zehn Dimensionen existiert. Seine vierdimensionale Erscheinungsweise ist uns als Teilchen in unserer Welt gegeben, doch was diese Erscheinung bewirkt, liegt in den eingefalteten sechs Dimensionen.

Wenn wir jedoch danach fragen, woraus denn nun Strings bestehen, können uns selbst die besten Stringtheoretiker keine physikalisch sinnvolle Antwort darauf geben. Es ist sowenig zu beantworten wie die Frage, woraus denn eine Linie oder ein Punkt besteht. Letztere wurden bislang überhaupt als unwirklich, als Abstraktionen betrachtet. Jetzt aber sollen sie das Fundament der Wirklichkeit sein. Tatsächlich sind es nicht nur Linien, sondern auch Punkte, Flächen und weitere topologische Größen, insgesamt zehn 0- bis 9-dimensionale Mannigfaltigkeiten, die – für uns scheinbar nur der Abstraktion zugänglich – die Grundfesten der Wirklichkeit bilden. Diese null- bis neundimensionalen Mannigfaltigkeiten nennt man Membranen, und die M-Theorie, eine Verallgemeinerung der insgesamt fünf möglichen Stringtheorien, behandelt dann solche Dinge wie die Entstehung einer *one-brane* aus einer *two-brane*, also das Zusammenrollen einer zweidimensionalen Membrane zu einem eindimensionalen String. Und wenn wir fragen, was denn jenseits der Strings liegt, bzw. was denn noch kleiner ist, so müssen wir einsehen, daß es für den Verstand ein Nichts ist – immer noch dieses Nichts, in welchem alle Singularitäten wurzeln, aus dem alle Quanten entspringen, das Nichts, welches das (unmögliche) Zentrum eines Teilchens im Standardmodell ist, oder die Mitte einer Stringschlaufe. So wie die „Substanz" der Strings, wird auch dieses

Nichts niemals von einer naturwissenschaftlichen Theorie erfaßt und beschrieben werden können. Jeder Physiker wird vielmehr danach trachten, eine geschlossene Theorie zu formulieren, die ohne das singuläre Nichts auskommt. Existentiell ist dieses Nichts aber jedem Menschen zugänglich, es ist die Leere des Gewahrseins.

Mögen sich nun das Nichts und der „Stoff", aus dem die Strings bestehen, dem Verstand entziehen, aus numerologischer Sicht läßt sich sagen, daß die Strings bzw. die Membranen der (wahrscheinlich) fundamentalste physikalische Ausdruck der schöpferischen Zahl sind, wenngleich diese Physik weit jenseits unseres phänomenologischen Horizonts liegt. Die Stringtheorie wirft somit ein neues Licht auf die Numerologie, indem sie als tiefsten Grund der Materie eigentlich mathematische Größen findet – und somit den pythagoräischen Ansatz erhärtet. Mit der Stringtheorie scheint jener Entwicklungsschritt in der Naturerkenntnis erreicht zu sein, bei dem sich zeigt, daß der Stoff, aus dem Materie „besteht", derselbe Stoff ist, aus dem unser Gewahrsein „besteht" – nämlich aus Zahlen. Ist somit eine physikalische TOE auch eine Theorie des Bewußtseins oder Gewahrseins? Diese Möglichkeit erfüllt eine physikalische Theorie genauso wenig, wie eine Weisheitslehre ein Ersatz für Physik sein kann. Und insofern Physik eine Naturwissenschaft ist, wird sie immer bestrebt sein, eine objektive Welt zu beschreiben, und nicht das Subjekt des menschlichen Bewußtseins. Will aber eine TOE, eine Theorie für Alles, ihrem Namen gerecht werden, so müßte sie sehr wohl irgendwann auch eine Theorie des Bewußtseins umfassen. Bis die Physik eine solche formuliert – wenn überhaupt – wird wohl noch einige Zeit vergehen. Aber immerhin bewegen sich die heutigen physikalischen Theorien auf eine Grenze zu, wo es die intellektuelle Redlichkeit zwingender als bisher gebieten wird, einen unfaßbaren Hintergrund anzuerkennen, in dem nicht nur die Materie, sondern auch unser Gewahrsein wurzelt.

Damit mündet die Physik offensichtlich in die Philosophie. An dieser Stelle muß sie aber nicht einfach der Philosophie das Sagen überlassen, sondern verpflichtet sie dazu, an den physikalischen Erkenntnissen anzuknüpfen. Dies ist möglich, aber nur dann möglich, wenn man numerologisch denkt, ansonsten ist der Einwand kaum zu überwinden, daß die Ebene der Strings skalenmäßig und bedeutungsmäßig sehr, sehr weit von der menschlichen Ebene entfernt ist. Schließlich ist ja ein String der mathematische Wirkgrund eines einfachen Teilchens wie etwa des Elektrons, der Mensch aber ein komplexes biologisches und geistiges Wesen. String und Mensch haben offenbar weniger miteinander gemein als ein Sandkorn mit einem Wolkenkratzer. Allerdings wird im Rahmen der Stringtheorie spekuliert, daß die schwingenden Strings nicht nur die Felder der Mikropartikel erklären können, sondern daß durchaus auch Stringschwingungen möglich sein könnten, die niederenergetische aber langreichweitige Kräfte erzeugen, die die Naturwissenschaft bis heute nicht kennt, die aber ihre Wirksamkeit auch auf der chemischen, der biologischen und auf noch höheren Ebenen entfalten. Falls dies zutrifft, wäre damit eine noch viel weitergehende Bestätigung des numerologischen Ansatzes gegeben.

Die Bestätigung des numerologischen Denkens durch die Entwicklungen auf dem Gebiet der String-Physik, die einen zehnfältigen Anfangsgrund der Wirklichkeit voraussetzt, ist philosophisch betrachtet von höchster Bedeutung. Denn diese Entwicklungen führen uns vor Augen, daß es nicht allein durch epistemologische Überlegungen gefundene Gründe sind, die uns auffordern, numerologisch zu denken, um die Einheit von Geist und Natur zu erkennen, sondern daß uns dies die Natur – obwohl durch die objektivierende Wissenschaft untersucht – selber nahe legt. Haben wir aber einmal die universelle Rolle der Zahl eingesehen, ist auch die Legitimität des Rades als Anfangsgrund allen Philosophierens leicht einzusehen, und das Rad verstehbar als die Darstellung der Wirkweisen der Zahl im Bereich der phänomenalen Wirklichkeit. Diese Systemik der 10 Zahlen auf der sinnlichen, sprachlichen, psychologischen und spirituellen Ebene ist der Gegenstand des vorliegenden Buches. Es ist zu hoffen, daß sein Erscheinen dieses neue Verständnis der Einheit von Natur und Geist, und das Verständnis des Rades als Weg der Weisheit einem breiten Publikum näherbringt.

II.

Mein Weg zum Rad

Am 4. Juni 1943 erlebte ich in einem Kaffeehaus in Brüssel eine Vision, die zum Ansatz meiner Aufgabe wurde. Ich saß vertieft in ein Buch von Henri Bergson „Matière et Mémoire" gegenüber einem Spiegel, sah mich in dem Spiegel. Plötzlich verschwand meine Gestalt, und ich sah mich als Gewahrsein auf einem sich drehenden Rad, ähnlich einem Karussell, dessen Figuren verdeckt waren, wie ein Praterkarussell im Winter. Ich trat in die Mitte des Kreises: In dem Augenblick stoppte die Drehung – und ich spürte, daß ich alle Lebensangst verlor.

Ich war damals als Soldat bei der Rundfunküberwachung angestellt und hatte genügend Zeit zum Lesen. Ich begann mit C. G. Jung, der das Auftauchen der gekreuzten Radvision als Anzeichen für eine psychische Integration, eine Individuation beschrieb. Doch seine psychologische Erklärung befriedigte mich nicht, denn das Erlebte hatte mich existentiell gewandelt, und so wandte ich mich dem Studium philosophischer und religiöser Traditionen zu, beginnend mit Meister Eckehart.

Nun hatte ich mit 14 Jahren ein Buch von Paul Brunton in der Schule verschlungen, vor allem das Kapitel, wo er seine Begegnung mit Rama Maharishi schildert. Als ich von Bruntons Gipfelerfahrung las, erlebte ich selbst einen Durchbruch: Ich erfuhr die transzendente Wirklichkeit. Eine ungeheure Freude überkam mich angesichts dieser Wirklichkeit, die alle augenblicklichen Mißlichkeiten als vergänglich erscheinen ließ. Ich erfuhr mein Selbst als Teil des großen Ganzen. Von nun an versuchte ich, ohne weitere Erwartungen auf eine Laufbahn oder ein Wissen herauszufinden, wie ich dieses Verstehen fruchtbar machen könnte. Bereits damals erkannte ich, daß mein Weg über das Denken führt. Mir widerfahren keine sprachlosen Erleuchtungen, wie sie der Zen schildert: Immer war es eine bestimmte, präzise Fragestellung, die mir den entscheidenden Schritt zeigte. Ich blieb bei der Überzeugung, daß der einmal gelungene Durchbruch mir auch weiter das

Licht zeigen werde, und ich bat im Geiste den damals noch lebenden Heiligen, mir auf diesem Weg zu helfen. – Ich bin überzeugt, daß er es getan hat.

Das Ende der Schulzeit erlebte ich als große Befreiung. Ich hatte unter der falschen Disziplin eines Internats gelitten, wurde dann wegen mangelnder nationalsozialistischer Haltung aus der Schule gewiesen, gleichzeitig 1934 aus Deutschland ausgebürgert, da mein Vater als Staatsfeind gebrandmarkt worden war. Seine Schule der Weisheit in Darmstadt wurde geschlossen.

In Innsbruck gelang es mir, für ihn ein Haus zu finden, und nach Kriegsende widmete ich mich der geplanten Wiedereröffnung der Schule der Weisheit und der Veröffentlichung der nicht gedruckten Schriften meines Vaters. 1948 gründete ich den Verlag der Palme.

Nach dem Tod meines Vaters 1946 las ich sein gesamtes Werk durch, um dessen metaphysische Grundlage zu ergründen. Doch diese Forschung ergab nichts: Er hatte zwar geplant, eine systemische Grundlage der Sinnesphilosophie zu verfassen, aber diese lag außerhalb seines echten Interesses. So erkannte ich, daß ich an diesem Mangel anknüpfen könnte – nach der chinesischen Lehre, daß man an den unerfüllten Projekten und Wünschen der Eltern, nicht an ihrem Erfolg und an ihren Leistungen ansetzen sollte. (I Ging Nr. 18)

Ich schrieb ein Büchlein „Urstimmung des Gemüts", worin mir vorschwebte, im Sinne der Ars Magna von Ramon Lull alle philosophisch relevanten Begriffe in einem Kreis anzuordnen, wie ich jetzt meine Radvision verstand. Dieser Lullischen Kunst bin ich weiter treu geblieben. Schrittweise erweiterte ich die Begriffstafel um die Kriterien der Mathematik und Naturwissenschaft, und langsam entfaltete sich das Rad, getragen von viel Lektüre, angefangen bei Kants Kritik der reinen Vernunft und der Phänomenologie von Goethe und Husserl, bis zu den Hypothesen und Erkenntnissen der Physik, der Relativitätstheorie und der Quantenmechanik.

Beim europäischen Forum Alpbach hatte ich das Glück, viele der Pioniere der modernen Naturwissenschaft zu hören und in Seminaren zu erleben, z.B. Erwin Schrödinger.

1947 übersiedelte ich mit meinem Verlag nach Wien, und meine Mutter kümmerte sich um den Nachlaß meines Vaters, der 1963 nach Darmstadt geholt wurde und seit dem Tod meiner Mutter im hessischen Landesmuseum betreut wird.

In Wien gründete ich den Studienkreis Kriterion und begann nun nach dem Tierkreis jeden Monat eine Woche lang über das entsprechende Thema eine Gesprächsrunde abzuhalten, um zu einer größeren Klärung der Grundbegriffe des Rades zu kommen. Aber ich spürte, daß der Rahmen meiner Arbeit zu klein blieb. Mein Vater hatte von Tibet eine kleine Buddhastatue mitgebracht, die voll mit Gebetshölzern war. Ich öffnete sie, nahm einen Stab heraus, und in der Nacht hatte ich einen Traum, der für die nächsten Jahre richtungsweisend werden sollte. Ich sah mich vor einer Wiese, und der Wind als Geist zergliederte das hohe Gras in Zeichen, die ich als Botschaften Gottes entziffern konnte. Die Wiese lag vor einem Gebäude, das eine eigenartige Religion beherbergte. Es war ein Bordell, ich erkannte den Leiter als einen Drucker, mit dem ich arbeitete. Er sagte mir, niemand würde meine Deutung verstehen, ich müßte zu einem Ort jenseits eines Vulkans übersiedeln, dort würde sich mein Geist klären. Im Anschluß an diesen Traum beschlossen meine Frau und ich nach Positano in Süditalien, in die Bucht von Salerno zu übersiedeln. Der Ort war damals bevölkert von Malern und Schriftstellern, und wir lernten ein ganz anderes Milieu kennen, das viel kongenialer war als das in Wien, in das wir hineingeboren waren.

Ich begann nun, mein bisheriges Wissen in einem Buch zusammenzufassen, das den Namen „das Rosenkreuz" erhielt, da die Rosenkreuzer sich durch Jahrhunderte mit dem Rad als philosophischem Schlüssel beschäftigt hatten. Wir dachten am Anfang, daß sich die Gruppe für unsere Arbeit interessieren würde, sie glaubten aber alles darüber zu wissen und waren an meinen Erörterungen philosophischer Art nicht interessiert. Sie hatten eine geschlossene Sekte gegründet, die genau so eng und unkritisch war wie die fundamentalistischen Religionen.

Das Rosenkreuz ging einen Schritt über die Urstimmung hinaus, denn ich hatte das Glück, zwei Lehrer oder besser Meister zu finden, die es mir ermöglichten, meine Arbeit zu vertiefen. Noch in Innsbruck hatte ich eine Französin kennengelernt, die gekommen war, um meinen Vater zu besuchen, Marie Claude Jallu. Sie erzählte mir, sie habe einen russischen Meister gefunden, der ihrem Leben eine neue Richtung gab: Gurdjieff.

Ich hatte über Gurdjieff gelesen. In einem Buch von Rom Landau, „God is my Adventure", waren viele Pioniere des Wandels beschrieben, darunter auch die Schule der Weisheit meines Vaters und die Arbeit von Ouspensky und Gurdjieff in der Zwischenkriegszeit. Marie Claude lud mich nach Paris ein, und schon am ersten Tag nahm sie mich mit zu Gurdjieff.

Nie werde ich den Eindruck vergessen, als er in den Übungsraum trat – ein Mensch von unglaublicher Konzentration und Wachheit, ein alter Mann, der viel lebendiger war als alle seine jungen Schüler – ich dachte mir, so müßte jeder alte Mensch sein. Er lud mich ein, in seine Wohnung in der Rue du Colonel Renard zu kommen, und dort hörten wir uns zwei Stunden eine Vorlesung aus seinem Buch „All und Alles – Beelzebubs Erzählungen an seinen Enkel" an. Es sind an Zen erinnernde Geschichten rund um die in ganz Asien bekannte Figur des Mullah Nasreddin, eines Weisen, der mit unserem Till Eulenspiegel vergleichbar ist. Gurdjieff sagte mir, heute sei ich Gast, aber beim nächsten Essen müsse ich mich für einen „Idioten" entscheiden. Es gab 24 Idioten, ein Ritus der Sufis aus dem Kaukasus, über den von seinen Schülern viel geschrieben worden ist. Ich wählte wegen meiner Beschäftigung mit dem runden Rad den runden Idioten, veränderte aber später meine Stufe auf die nächstniedrigere, den quadratischen Idioten. Noch ohne zu verstehen, was das bedeutete. Nach dem Ritus erklärte er mir, ich sei kein Kandidat für seine Gruppe, sondern ein Kompagnon, der sich für sein Wissen interessiere, nicht für Erlösung und Heilung wie die Mehrzahl der Anwesenden, die, wie er sich ausdrückte, auf alten jüdischen Galoschen mit seiner Hilfe in den Himmel wollten.

In der Folge knüpfte ich an sein Wissen an, das zur eigentlichen Grundlage des Rades wurde, also zur Basis des Rosenkreuzes, das ich 1956 veröffentlichte.

Während ich an dem Buch schrieb, kam es wieder zu einer Fügung – damit meine ich eine Begegnung oder ein Ereignis, das mich in eine neue Richtung führte. Ein Freund hatte den Harmoniker Hans Kayser nach Positano eingeladen. Während einer Woche war er jeden Abend bei uns und erklärte uns die Grundlagen der Harmonik, die mich auch Gurdjieffs auf dem musikalischen Grundgesetz des Weltalls beruhendes Enneagramm besser verstehen ließen.

Kayser hatte die pythagoräische Tradition wiederentdeckt und erklärt: Ursprung der Wirklichkeit ist das Chi, die Vereinigung der Rechnungsarten mit den Zahlenarten und Dimensionen. Es besteht aus dem Gamma, den Produkten der Multiplikation zwischen 1 und 49, und dem Lambdoma, den Kriterien der Division und damit des Raumes. Pythagoras hatte erklärt, das Gamma sei das Gesetz der diskontinuierlichen Verhältnisse und das Lambdoma das Baugesetz der Natur, vom Wachstum der Bäume bis zur richtigen Architektur. Da seine Erkenntnisse Grundlage des Rades sind, werden wir sie im 4. Kapitel, der Kosmogonie, noch gesondert schildern.

Aus dem Gurdjieffschen System erwuchs das Verständnis der Chakras, der sieben Schwerpunkte des Energieleibes, die durch bestimmte Körperzonen im Yoga aktiviert werden und denen das 5. Kapitel gewidmet ist. Gurdjieff wollte den Menschen durch Arbeit an sich selbst dazu bringen, die neue Bewußtseinslage zu erreichen, in welcher allein der Mensch der technischen Zivilisation gewachsen ist.

Der nächste Denker, der mir zum Lehrer wurde, war der Musiker Josef Matthias Hauer. Er kam aus der Notwendigkeit eines neuen Komponierens dazu, die Musik wieder in ihre ursprüngliche Rolle als Erkenntniswerkzeug einzusetzen, in der sie Pythagoras etabliert und die Renaissance gefestigt hatten, aus der sie aber einerseits durch den Einfluß der Wiener Klassik und andererseits des wissenschaftlichen Denkens verdrängt worden war. Gleichzeitig mit Einsteins Relativitätstheorie erkannte Hauer, daß die Bevorzugung des Raumes vor der Zeit, der Ruhe vor der Bewegung im abendländischen Denken auch die Musiktheorie verfälscht hatte: Ausgangspunkt allen Musizierens ist niemals eine Tonleiter, sondern immer eine Folge von Tönen, eine Melodie. Unter Annahme von zwölf Tönen ergibt sich ohne Rücksicht auf die Tonhöhe eine ursprüngliche Fülle von 479 001 600 Zwölftonreihen, die als das Rohmaterial der Musik zu gelten haben und ihre Ordnung in 44 ‚Tropen' oder Wendungsgruppen der Intervalle haben, die den Strichdiagrammen des I Ging entsprechen.

Im Gegensatz zu den zeitgenössischen Musiktheoretikern betrachtete Hauer die temperierte Skala, die auf der Teilung der Oktave in zwölf gleiche Halbtöne beruht, nicht als Kompromiß, sondern als das Gesetz der musica mundana, und die Obertonreihe als das Gesetz der musica humana. Als einfachste Verbindung der beiden prägte er das auf zwölf Vierklängen gegründete Zwölftonspiel als Grundlage einer philosophischen Musik im Sinne der musica instrumentalis. Diese habe weniger eine künstlerische als vielmehr eine kathartische Bedeutung: Durch Vernehmen eines Zwölftonspiels befreit sich der Mensch aus den tonalen Assoziationen, die dem stärksten Impuls folgen, und erreicht in sich die Ausgeglichenheit, die innere Ruhe, welche in allen esoterischen Überlieferungen die Voraussetzung eines sinnvollen Lebens gebildet hat.

Esoterisch war Hauers Zwölftonspiel darin – und damit vergleichbar dem Sprachspiel Wittgensteins –, daß es als Ziel die Erreichung einer Bewußtseinslage anstrebte, welche dem Menschen Klarheit und Ruhe vermittelt; hier war sein Streben eines Sinnes mit dem der anderen Esoteriker. Doch betrachtete er Musik nicht nur als Kunst, sondern auch als Grundlage allen Wissens. Musik ist nicht nur die sinnliche Wahrnehmung von Tönen und Intervallen, sondern sie spiegelt auch die Gesetze der beiden anderen Welten, des Mikrokosmos und des Makrokosmos.

Ursprünglich Cellist in Wiener Neustadt, hörte Hauer innerlich eine Musik, die nicht in diesen europäischen Rahmen paßte. Durch seine Förderer, die Wiener Juweliersfamilie Köchert, lernte er Richard Wilhelm, den Übersetzer des I Ging kennen, der mit meinem Vater in der Schule der Weisheit zusammengearbeitet hatte.

Seine Zuhörer waren vor allem Bildhauer und Musiker. Ich wollte ihn unbedingt besuchen – doch er empfing niemanden, der nicht die Grundlage seiner Musik kannte. So kaufte ich mir in Deutschland ein tragbares Cembalo, ein Virginal, und lernte auf dessen winzigen Tasten die Grundlagen dieser Musik. Jetzt konnte ich mich trauen, Hauer zu besuchen. Er lebte in einer Portierwohnung in der Bennogasse. Ich klingelte, und mir öffnete ein großer Mann mit Augen von einer überirdischen Schönheit. Er unterrichtete mich in der Theorie, und ich fand genau die Ergänzung, deren ich für das Rad bedurfte. Es gelang mir nicht, das Komponieren zu erlernen, aber was er erzählte, brachte mich auf den nächsten Schritt: Der temperierte Quintenzirkel ist die Grundlage des musikalischen Verstehensrahmens.

Ich widmete Hauer das „Rosenkreuz" und brachte ihm das erste Exemplar. Ihm gefiel vor allem die Ordnung der Grammatik, die meine Frau auf Grund des Enneagramms dargestellt hatte. Sie entwickelte aus dem Rad auch ihre Astrologie, die damit zur einsichtigen philosophischen Methode wurde.

Nun hatte ich also im Rad und in der Musik jenes Urwissen wiederentdeckt, das Gurdjieff gesucht hatte. Dieses Urwissen steht am Beginn der Geistesgeschichte, der neolithischen Revolution, mit der das Denken zur Hauptfunktion des Bewußtseins wurde. Mit Beginn von Ackerbau und Viehzucht trat die Trennung von Raum und Zeit in den Vordergrund: Der Raum erhielt acht Richtungen, die Zeit 12 Stufen im Einklang mit dem Tierkreis und dem Sonnenlauf. Ihren Zusammenhang bilden die neun Ziffern des Dezimalsystems.

Das Zählen wurde zur heiligsten Handlung, noch vor der Erfindung der Schrift. So heißt es noch heute bei den Indianern „the sacred count", ebenso bei den Afrikanern.

Aber was bedeuten nun die neun Ziffern mit der Zehn und der Null? Das berichtet die zentralasiatische Überlieferung mit Fu Shi, dem ersten Verfasser des Buchs der Wandlungen: Er erlebte, daß aus dem Fluß Ho eine Schildkröte auftauchte, die auf ihrem Rücken neun Felder hatte, in denen die neun Ziffern standen sowie die acht I Ging-Trigramme. Diese wurden in zwei Ordnungen überliefert: Erstens der frühe Himmel des Fu Shi, zweitens der späte Himmel des Königs Wen, welch letzterer auch zur Grundlage des Feng Shui geworden ist.

Das magische Quadrat – in Europa als Saturnquadrat überliefert und zuletzt durch Dürer in seinem Stich Melancholia dargestellt, – zeigt die innere Struktur der Ziffern:

Der neue Name Gottes

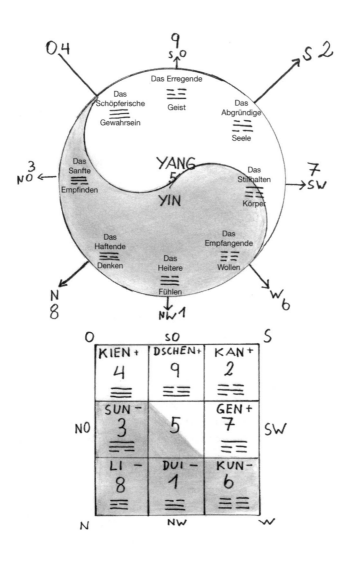

Die gleiche Ordnung, ebenfalls bezogen auf die Schildkröte, findet sich in der indischen Überlieferung. Jede der Ziffern ist somit ein Archetypus des Denkens (wie ihn vor allem die spanischen Kabbalisten entschlüsselten). Hieraus entstand das älteste asiatische Orakel, die Astrologie der neun Sterne. Im Rahmen der Wassermannzeit habe ich diese Ordnung mit der chaldäisch-astrologischen verknüpft, im Sinne des Postulats von Hauer, daß sämtliche Gesetze der Natur und des Bewußtseins durch das Rad des temperierten Quintenzirkels umfaßt werden, daß dieses damit die Orientierungskarte auf dem Weg zur Weisheit sei.

Das magische Quadrat ist also die Chiffre Gottes, wodurch er die materielle Welt erschafft und aufrechterhält. In der kabbalistischen jüdischen Überlieferung heißt es, daß Gott zuerst die zehn Ziffern (0–10) dem Moses gegeben hätte, da aber Israel ihn nicht verstand, ergänzte er die Ziffern zu den zehn Weisungen oder Geboten, durch die ein Mensch immer wieder zur Gemeinschaft mit seinem göttlichen Urbild zurückkehren kann.

1956 fuhr ich nach Wien, um „Das Rosenkreuz" zu drucken. Ich fragte einen bekannten italienischen Astrologen, Francesco Waldner, wie die Aussichten für das Buch stünden. Er meinte, es würde erst nach vielen Jahren verstanden werden.

Zu dieser Zeit trug ich mich mit dem Gedanken, eine Einladung nach Indien anzunehmen. 1920 war Rabindranath Tagore von meinem Vater nach Darmstadt zur Eröffnung der Schule der Weisheit eingeladen worden. Damals hatte er meinem Vater das Ziel seiner eigenen Schule erklärt und ihm gesagt, er würde dessen Kinder einmal nach Shantiniketan einladen. Also schrieb ich an diese Universität, ob sie das Versprechen einlösen würden, und erhielt tatsächlich 1957 eine Einladung als Gastprofessor. Verschiedene Freunde halfen uns das Geld für die Überfahrt zu sammeln. Wir schifften uns in Rotterdam auf einem Frachter der Hansalinie ein, und nach vier Wochen landeten wir zuerst in Karatschi in Pakistan, wo ich an der Universität zu einem Vortrag eingeladen war. Dann ging es weiter über Bombay und Kalkutta nach Shantiniketan in Westbengalen, der von Tagore gegründeten Universität.

Ich hatte die Darstellung des Rades im Rosenkreuz handkoloriert. Nun erinnerte ich mich an meine Wandlung in Gurdjieffs Idiotenklub vom runden zum quadratischen Idioten. Ich setzte das farbige, innen weiße Rad in ein schwarzes Viereck, und die Zahlen und Beziehungen ordneten sich in die musikalisch-tonalen Kriterien. Ich hatte auch einige Visionen des Chi und wußte mich damit auf dem richtigen Weg, verstand aber deren Bedeutung erst nach vielen Jahren.

In der Nacht, als wir Positano verließen, um nach Rotterdam zu fahren, hatte ich einen wesentlichen Traum gehabt: Ich sah mich in einem Kreis von älteren Yogis, die sich ebenso gelehrt und intellektuell unterhielten wie deutsche Universitätsphilosophen. Dann wechselte das Bild: Ich war in den Bergen und trat in ein Hotel, wo ein nepalesischer Diener mich begrüßte, und da spürte ich, daß ich nun in meiner eigentlichen Heimat ankam. Als wir Wochen später Kalimpong erreichten und das Hotel suchten, das Heinrich Harrer uns empfohlen hatte, erkannte ich das Hotel aus meinem Traum! Kalimpong wimmelte damals von tibetischen Flüchtlingen, die meistens auf Almosen angewiesen waren. In einer Straße begrüßte uns ein hochgewachsener Mann mit einem schönen Lapislazuli-Ohrring, Zeichen einer höheren Stellung in Tibet. Am nächsten Tag erzählte mir Anni-La, die Wirtin des Hotels, es gebe einen Mann, der den gleichen Namen trage wie ich und ebenso verrückt sei. Da er ein König sei – Gesar Ling Gyalpo – erhalte er seine Ration der Flüchtlingshilfe allein von ihr. Ob ich ihn kennen lernen möchte? Ich stimmte natürlich freudig zu: Es war der Mann, der mich begrüßt hatte. Ich fragte ihn, warum er mich begrüßt habe, und er antwortete: „Ich sah gleiche Knochen aber verschiedenes Fleisch". Das bedeutet auf tibetisch patrilineare Verwandtschaft. Er fügte hinzu, er habe immer gewußt, daß er in Deutschland Verwandte habe, wußte aber gar nicht, wo Deutschland lag.

Und dann erwähnte er den Namen Gesar Lings, der als Begründer Tibets gilt. Er nannte ihn einen Heiligen, den König von Tibet und der Mongolei. Gesar Ling spielt im dortigen Epos eine ähnliche Rolle wie bei uns Siegfried im Nibelungenepos. Wieso er heilig gewesen sei? Weil er alle sofort tötete, die ungerecht waren. Wir lachten über diese Antwort, und der König war zuerst ein wenig gekränkt. Aber er beruhigte sich wieder, und ich erfuhr, daß Gesar Ling der Begründer der Religion des Rades war, welches er in einem Berg entdeckt hatte und mit dessen Hilfe er die neunköpfige Schlange der Heilkraft und die vier

Könige der Himmelsrichtungen eigenhändig besiegt hatte. Er sei jetzt laut tibetanischer Überlieferung im Westen wiedergeboren, und diese Inkarnation sei offensichtlich ich.

Ich war erschüttert und suchte, zurück in Kalkutta, nach Aufklärung. Ich fand ein Buch von Alexandra David Neel, „Die seltsame Geschichte des Gesar von Ling", und las auch tatsächlich darin, daß er das Rad entdeckt hatte. Noch heute trägt jeder Tibeter es am Gürtel, in Silber oder Messing. Es besteht aus drei Inschriften: Innen die 9 Ziffern, aber nicht im Enneagramm, sondern im magischen Quadrat, wo jede Quersumme 15 ergibt. Um dieses herum die acht I-Ging-Zeichen des Raumes, allerdings geordnet nach der Form des späteren Himmels, und außen die zwölf chinesischen Tierkreiszeichen.

Mit der Entdeckung von Gesar Ling hatte ich nun meine eigenen Wurzeln gefunden, an einem ganz anderen Ort, als ich vermutet hatte. Der König glaubte, das Rad sei buddhistisch. Doch inzwischen hat Mircea Eliade festgestellt, daß es das Ursymbol von Gcüg ist, der Religion, die, älter als Buddhismus und Bon, nicht nur in Zentralasien, sondern überall als Religion des Menschen und der Ahnen die Urüberlieferung darstellt. Die Tibeter betrachten die Hochreligionen im Unterschied dazu als Geschenke der Götter.

1921 hatte sich mein Vater mit dem Buch Colonel Rochas über Reinkarnation beschäftigt und sich in die Technik vertieft. Am Krankenhaus in Darmstadt arbeitete damals ein medial begabter Däne, der die Krankheiten selber in sich spürte und so den Ärzten oft die Diagnose erleichterte. Mein Vater überzeugte den Leiter der Klinik, Karl Happich, in Hypnose einen Versuch mit diesem Hoffmann Björnson zu machen. Er veröffentlichte das Ergebnis 1922 in seinem Buch „Das Okkulte". Der Mann wurde einige Male zurückgeführt, zwischen zwei Leben war er immer im blauen Licht und hatte im Jenseits seinen Führer, der ihm Eingebungen sandte, ähnlich wie Daskalos in Zypern.

Meine Mutter war damals schwanger mit mir, und eines Tages erklärte er ihr, daß ich von einem weißen Licht umgeben sei und eine religiöse Aufgabe hätte. Er glaubte, daß sie darin bestehen werde, den neuen Namen Gottes zu finden und zu klären.

Ich veröffentlichte die Geschichte der Reinkarnation in einer Tageszeitung in Kalkutta. Ich hatte gedacht, daß dieser Zusammenhang den Indern selbstverständlich sei. Doch auch dort gibt es nicht viele Menschen, die sich an ihre Inkarnationen erinnern. So wurde der Artikel von vielen Zeitungen nachgedruckt. Ich sandte ihn auch an eine englische psychologische Zeitschrift und wurde auf Grund dieses Artikels 1974 zum ersten Kongreß der europäischen Gesellschaft für humanistische Psychologie in Genf eingeladen. 1976 wurde ich zu ihrem Präsidenten gewählt, was mir die Möglichkeit gab, mich in verschiedene Aspekte zu vertiefen, vor allem durch meine Freundschaft mit Jean Houston. Im Unterschied zum bloß therapeutischen Ansatz der meisten Psychologen war sie auf geistige Erfahrung eingestellt, aus der sie Ansätze für das Leben suchte. Die entscheidende Übung, die ich damals von ihr lernte, war ein indianischer Ritus, der die vier Gehirnzonen und die vier unteren Chakras im Nacheinander anjocht und es jedem ermöglicht, bis zum Selbst hinter dem Traum vorzudringen.

Psychotechnologien waren eine große Hilfe zur weiteren Entwicklung des Rades. In Athen lernte ich eine unhypnotische Rückführung (Swygard) kennen, die mir die Relevanz dieser Theorie deutlich machte. Ich selbst hatte in fast allen Leben im Baltikum, meistens als naturwissenschaftlich interessierter Landwirt gewirkt. Ich kam nie aus dem Ostseeraum hinaus, sosehr ich mich auch bemühte, bei diesem Ritus in anderen Ländern und Kulturen zu landen. Ich lehrte diese Technik auf vielen psychologischen Kongressen, vor allem nachdem sich die transpersonale Psychologie von der humanistischen gelöst hatte.

1980 leitete ich zusammen mit Jean Houston und R. Laing den Psychologenkongreß in Saragossa. Dieser Kongreß war der Versuch einer Synthese von Psychologie und Wissenschaft im Sinne des Human Potential Movement. Dort erzählte mir Jean Houston nun Folgendes: Einem Rechtsanwalt in Los Angeles, Don Leon, sei bei einem Einbruch viel gestohlen worden, und er habe als Entschädigung eine große Versicherungssumme erhalten. Dieser Rechtsanwalt, ein eifriger Tennisspieler, hatte sich einmal das Handgelenk gebrochen und sollte operiert werden. Damals hatte Two Bears, der 102jährige Schamane der Navajos in Phönix, Arizona, eine Geistheilung bei ihm durchgeführt und ihm so eine Operation erspart. Als der Rechtsanwalt nun die Versicherungssumme erhielt, wollte er einen Teil des Geldes aus Dankbarkeit gegenüber Two Bears einem geistigen Zweck stiften, wußte aber nicht, welchem. So riet ihm Two Bears, das Ouija Board zu befragen, eine Art Buchstabenbrett, auf dem man mit einem Glas herumfährt und Worte abliest. Das Glas wurde während der Befragung zum Werkzeug einer Wesenheit, die sich als „Voice of Universal Peace" bezeichnete und ihn anwies, sich mit einem „Keyserling" in Verbindung zu setzen. Don Leon kannte mich nicht und erzählte Jean Houston von dem Vorfall. Diese erklärte, daß sie mich kenne, worauf der Rechtsanwalt den Vorschlag machte, wir sollten uns mit ihm und seiner Gruppe irgendwo treffen. Jean Houston war für Israel, meine Frau für Irland. Schließlich gab ein Omen den Ausschlag: Der Leiter des irischen Psychologenverbandes forderte mich auf, in Irland einen Workshop zu leiten. So beschlossen wir, uns im „Kingdom of Kerry", nahe von „Madman's Valley", an der Westküste zu treffen, an dem Ort, wo die Druiden im Frühmittelalter den Entschluß gefaßt hatten, mit den alexandrinischen Johannitern gemeinsame Sache zu machen, wodurch das irische Christentum entstand.

Dort trafen wir die amerikanische Gruppe und einen Indianer, Swift Deer – den Two Bears ermächtigte, uns in die indianische Weisheit und Heilmethode einzuführen. Meine Frau beschloß damals, zu Swift Deer nach Los Angeles zu fliegen und an seiner Arbeit dort teilzunehmen. Dann lud sie ihn zu einem Seminar bei uns nach Matrei in Tirol ein, wo er uns in einem Marathon-Kurs die Kriterien des indianischen Denkens verständlich machte und wir gleichzeitig an der Heilung eines an Leukämie Erkrankten mit allen Riten teilnahmen.

Die indianische Religion ist teils animistisch, vor allem aber in Nordamerika auf den heiligen Raumrichtungen aufgebaut, die es dem Menschen ermöglichen, mit den Wesenheiten des Nagual in Beziehung zu treten.

Die metaphysische Voraussetzung des Weltbildes ist ähnlich der chinesischen: Der Urgrund ist Wakhan, der unendliche Raum, dem alles entstammt, die Urmutter des Alls. Der Ursprung der Welt und der Zeit ist Skwan, der Schöpfer, der Urvater.

Das Medizinrad wird durch den Sacred Count, die heilige Zählweise der Richtungen und des Alls, verständlich, in dem jede Richtung einer Zahl entspricht:

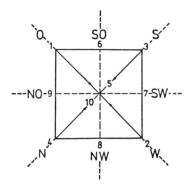

Die heiligen Raumrichtungen im Medizinrad

Wir übten danach einige Jahre lang verschiedene indianische Riten und kamen zu vielen erstaunlichen Einsichten, vor allem aber jener, daß die indianische Weisheit als bisher naivste Kosmologie die Grundlage für den Ritus der Wassermannzeit bilden würde. Einige Zeit machten wir vielerorts Steinkreise und auch „Schwitzhütten" und folgten der indianischen Tradition. Erst allmählich begannen wir zu verstehen, was davon für uns brauchbar sein könnte.

Durch die acht Richtungen im Zusammenhang mit den Zeichen des „Buchs der Wandlungen" wurde die Vermählung zwischen dem indianischen und griechischen Rad vollendet, wie es schon Gesar Ling vollzogen hatte, und wir beschlossen, einen Ort zu suchen, um ein Erdheiligtum zu bauen.

Eines Tages hatte ich eine Vision im Übergang vom Traum zum Wachen. Ich hörte, ich solle in der „Kronen Zeitung" folgende Annonce aufgeben: „Suche alten Steinbruch als Erdheiligtum", und ein Bauer würde antworten.

So geschah es. Wir erhielten eine verlassene, wilde Mülldeponie zur Pacht, führten 22 Lastwagen voll Müll weg – für uns ein Symbol dafür, wie es heute um die Erde bestellt ist –, baggerten einen Teil aus und gestalteten an diesem Ort den Steinkreis. Unser Freund Ernst Graf konstruierte einen Stahldorn mit den mikrokosmischen Verhältnissen der Atomschalen, der auf den Nordstern weist. Am 7. Dezember 1982, als die Sonne auf 15 Grad Schütze (auf Ketu) stand, weihten wir das Erdheiligtum ein, und seither führen wir etwa alle sechs Wochen die Riten durch.

1.	Südostfest	15 Grad Wassermann.
		Beginn eines neuen Jahres
2.	Ostfest	0 Grad Widder
3.	Nordostfest	15 Grad Stier
4.	Nordfest	0 Grad Krebs
5.	Nordwestfest	15 Grad Löwe
6.	Westfest	0 Grad Waage
7.	Südwestfest	15 Grad Skorpion
8.	Südfest	0 Grad Steinbock

Die Steine wurden in die Himmelsrichtungen gesetzt, wie wir es von den Chinesen und den Indianern gelernt haben, und zeigen die raumzeitliche Richtung der Mächte des Geistes. Jeder stellt sich in die Richtung, von der er Einsicht erwartet. Wem Hoffnung fehlt, in den Osten; wer nicht für sich einstehen kann, in den Westen; wem es an Vertrauen mangelt, in den Süden; wer mit den Lebensstrategien nicht zu Rande kommt, in den Norden. Wer seine Arbeit historisch begreifen will oder Lehrer sucht, in den Südosten; wer kein Glück hat und Einstimmung in die Kraft sucht, in den Südwesten; wer seinen Engel spüren will, in den Nordwesten, und wessen Problem die Mitarbeit am Werk ist, in den Nordosten. Dort haben wir auch etwas höher eine Pyramide nach dem Maß der Cheopspyramide errichtet, um uns persönlich auf die Achse Himmel – Erde einzustimmen.

Wir wissen nie vorher, wer zum Fest kommt, abgesehen von den alten Mitarbeitern, doch der Geist der Feste und des Ortes ist so stark, daß jeder die richtige Stimmung findet. Tatsächlich bedeutet dies auch eine Wiederbelebung des alten keltischen Jahreszyklus, von welchem im Christentum nur noch Weihnachten und Ostern übriggeblieben sind.

Im Herbst 1972 hatten wir erstmals beschlossen, für jene, die unsere Seminare besuchten, einmal die zwölf Tage des Häuserkreises durchzugehen, die bei vielen Völkern ein wesentlicher Ritus sind: bei den Christen die Rauhnächte zwischen Weihnachten und dem Dreikönigsfest, bei den Moslems der Ramadan, bei den Chinesen der Monat des Kaisers im August, in dem er seine Person in Ordnung bringt. Diese eigentlich elfeinhalb Tage bestimmen den Unterschied von Sonnenjahr und Mondjahr. So kamen wir zwölf Tage lang jeden Abend zusammen, um einander zu erzählen, was wir an diesem Tag unter einer der astrologischen Häuserthematiken erlebt hatten: am ersten Tag Dinge, die uns persönlich angingen, am zweiten solche des Lebensunterhalts, am dritten der Interessen, am vierten der Familie und Herkunft. Sodann nahmen wir auch die Träume hinzu. Der fünfte Abend stand im Zeichen der Meisterung, der sechste in demjenigen der Arbeit. Am siebten, dem Tag der Gemeinschaft, veranstalteten wir ein gemeinsames Fest, am achten, dem Tag des Todes, fasteten wir. Am neunten zeigte sich unsere ideelle Richtung, am zehnten erlebten wir die Bedeutung des Berufs, am elften jene der Freundschaft und unserer Teilnahme am kulturellen Leben und am zwölften schließlich unsere eigene Regeneration und Einsamkeit.

Diese Tage waren für alle ein magisches Erlebnis. Später haben wir sie in unsere Riten integriert, und heute feiern wir die zwölf Tage jedes Jahr vor der Wintersonnenwende. Man muß sich einmal vorstellen, was es bedeutet, jeden Tag zu erwarten, daß etwas Neues und Besonderes passiert: Man wird in anderer Weise aufmerksam.

Am 18. Dezember 1972 um 4 Uhr nachmittags sah ich mich plötzlich veranlaßt, medial zu schreiben, und erfuhr nun zu den seltsamsten Zeiten 15 Botschaften, in denen der neue Name Gottes und unsere Aufgabe geschildert wurden. Die erste Botschaft begann mit den Worten: „Der Weg führt aus dem Dunkel zum Leben. Wer versucht, nicht das Dunkel zu achten, kann nie das Licht erleben. Suche weiter nach dem Trüben und schaffe täglich neue Dinge. Ich bin dauernd in deiner Gegenwart und zeige dir Mal für Mal, wohin du dich wenden sollst."

Diese ersten Sätze zeigten mir, daß der Sprecher nicht mein Selbst war, sondern ein Wesen außerhalb meiner. Wer aber war der Künder? Nach meiner Erfahrung stimmt der verkündete Name immer, man kann sich also daran halten: „Ich bin der Große Alte der Verwirklichung, der Heilige aller Zeiten und Welten, das Urbild jeder Religion, jeglichen Denkens und Strebens. Wer mich hat, braucht kein Zweites. Er lebt im Sein und genießt die Freude der Teilnahme."

Hier nun war die genaue Bestimmung: Ich hatte die Stimme des Großen Menschen erlebt, die sich immer wieder in allen Kulturen offenbart hat als Ausdruck der Urreligion oder, wie sie auch heißt, der Religion des Menschen.

Nach der 15. Botschaft hörte ich wieder die erste, so daß mir die Begrenzung klar wurde – 15 ist ja die Zahl der Diagonalen im magischen Quadrat, die durch die Mitte gehen. Ich höre die Stimme wie Radio oder Telefon, ohne besondere Vorbereitung, im Unterschied zum sogenannten Channeling. Meistens höre ich sie vor einem Fest, um zu begreifen, wie wir dieses im Erdheiligtum feiern sollen. Aus den Botschaften ergibt sich nun eine Beschreibung des menschlichen Energieleibes, der Chakras und auch der jüngsten Erkenntnisse der Naturwissenschaft, wie ich in den folgenden Kapiteln darstellen werde.

Es gibt auf der Erde keine geistige Tradition, die nicht auf Gott zurückgeht oder auf ihn hinzielt. Gott ist keine Hypothese, sondern jeder seiner ‚Namen' bedeutet einen anderen dimensionalen Zugang zum Unerschöpflichen. Doch in jedem Zeitalter ist ein anderer Name entscheidend.

Alle Religionen zeigen Facetten des Weges zu Gott. Die Gottlosigkeit unserer ideologischen und fundamentalistischen Epoche ist die Voraussetzung, um den Weg zur Weisheit, zum Einklang mit dem Göttlichen in vollem Gewahrsein gehen zu können.

Gott ist der Zusammenhalt des Seienden, der einende Eine. Als WER antwortet er auf jede Frage, als WAS ist er die gesamte aktuelle und virtuelle Wirklichkeit. Das Wesen Gottes und des Menschen wird im Rad veranschaulicht. Das Rad ist das Urbild, und wer seiner innewird, tut damit den ersten Schritt zur Wiedervereinigung mit Gott.

DAS RAD

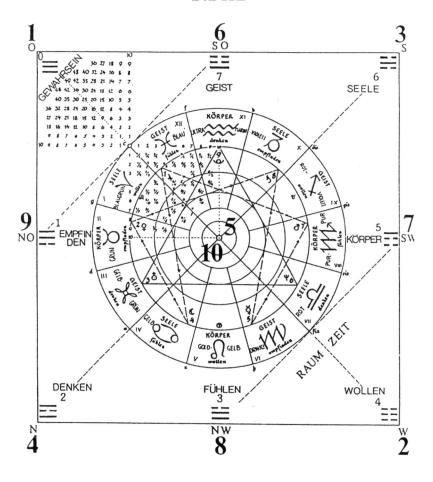

III.

Semiotik

Es gibt nur eine Welt. Sie umfaßt Diesseits und Jenseits, Natur und Geist, Mensch und Gott. Sie ist rational nicht zu bestimmen; sobald man das Unendliche einfangen will, ist die Rationalität gesprengt. Die Ganzheit übersteigt alle Vorstellung.

Gott ist die Liebe, das Einende Eine. Das Einende Eine hat seinen Urgrund im Nichts. Das Nichts in seiner Beziehung zum Etwas ist die Null. Das Etwas ist die Eins. Eins ist Zahl. Alles ist insoweit Zahl, als es am Charakter der Eins teilhat. Eins ist das Größte und das Kleinste, Maximum und Minimum. Doch wirkt es eine Richtung. Sie geht vom Kleinsten zum Größten, vom Ursprung zur Vollendung.

Gott als Null ist die Zeit, die ewig *wird* und niemals *ist*. Gott als Eins ist der Raum, wo sich Gegebenheiten um eine Mitte nach Richtungen gliedern, die in die Unendlichkeit weisen. Gott als der Einende Eine wird dauernd vom Nichts zum Etwas und ist stets das Gewordene. Damit ist er einerseits Sein als die Verbindung zwischen allem, andererseits Wesen als Beschaffenheit, als Qualität. Er ist ewige Singularität, unerkennbar, unbeschreibbar für die Deutung, aber bestimmbar in seinem Ort und seiner Wirkweise.

Der Mensch west im Bilde Gottes. Diese Bildhaftigkeit konstituiert seine innerste Sehnsucht, die der arabische Gottesname Allah bedeutet. Diese Sehnsucht ist die Liebe, die man nicht machen kann, sondern an der man teilhat, wenn man sich ihrem Strom öffnet.

Das Kind wächst auf in der Liebe. Es fühlt sich zuerst eins mit der Mutter in inniger Sehnsucht; es fühlt sich eins mit dem Vater, auf Werk und Vollendung gerichtet. Als natürliche Geburt ist das Kind aus der Liebe entsprungen, aus der Vereinigung der Eltern. Aber dieses Entsprungensein ist nicht auf ewig; einmal muß es sich, in der Hinwendung zur Zukunft und zur großen Liebe, von seinen Eltern trennen.

Das Kind erlebt seine Welt aus der Liebe, ihr Sein ist seine Herkunft. Dadurch, daß in der Vereinigung von Mann und Frau das höchste

Glück, die Freude mitschwingt, bleibt die Erinnerung. Viele sehnen sich daher nach der Kindheit oder nach dem Paradies und betrachten die irdische Existenz als Fall, mythisch als Verlassen des goldenen Zeitalters.

Die Heimat ist doppelt zu verstehen. Einerseits ist sie die Herkunft: Erinnere ich mich an die Liebe der Eltern in den ersten Jahren, dann habe ich ein sicheres Kriterium, einen Maßstab für mein Handeln. Denn das Ziel der irdischen Entfaltung ist der Weg von der kleinen Liebe zur großen, von der sexuellen Seligkeit zum Samadhi des Gewahrseins.

Die Zukunft weist auf ein Leben nach dem Tode an einem Ort, wo die Beziehung zu anderen Wesen sich in Liebe vollzieht. Liebe bedeutet Mitschwingen, Harmonie, heilige Ordnung im Unterschied zur profanen und statistischen der Wissenschaft. Jeder spürt, daß er diese heilige Ordnung will, wo das Gute siegt und das Böse von selbst in die Vereinzelung, in die Vernichtung zurücksinkt.

Die Zukunft ist noch nicht, die Herkunft ist Besitz. So lebt der Mensch zwischen zwei Subjekten, dem Selbst, das seit Anbeginn besteht, ein Fünklein Gottes, Atman als Teil des Brahman, und dem Ich, das fähig wäre, in der Zeit zwischen Geburt und Tod den Aufstieg vom Kleinsten zum Größten zu vollziehen und sein Gemüt, das nebelhafte Chaos der göttlichen Potentialität, in ein kosmisches Wesen, einen transpersonalen Partner Gottes zu verwandeln.

Gott ist in der prophetischen Offenbarung der Schöpfer der Welt. Gott auf dem Weg der Weisheit ist der Mensch im All, ist das himmlische Urbild der Welt. Dieses Urbild, von der Erde aus geschaut, ist eine geordnete Mannigfaltigkeit, die man weder durch Erfahrung noch durch Erkenntnis findet, sondern nur indem sie spontan als Vision aufleuchtet: das RAD.

Betrachten wir nun das Rad, wie es seit Beginn der Geschichte im Symbol artikuliert wurde, das in Krisenmomenten spontan vor dem inneren Auge auftaucht. Es läßt sich dreifältig begreifen. Zeitlich ist der Mensch ein Ich zwischen Geburt und Tod. Der erste Atemzug bestimmt seine Anlage. Die Mitte des Kreises ist sein Selbst im Raum, wo alle Inhalte des Erlebens um das ruhende Zentrum des Rades und damit der Erdmitte angeordnet sind. Gegenüber dem Ich steht das Du, und Ursprung aller Dus ist Gott, der Mensch im All. Jede echte Beziehung zu einem anderen läßt Gott erscheinen, da er die Liebe zwischen beiden schafft.

Dieserart erzeugt der Mensch sein eigenes Leben als das Verbindende zwischen Ich und Selbst. Er verwandelt den Nebel der Urkraft durch das Urlicht des Gewahrseins in sein geprägtes Wesen. Der Anfang dieses Weges ist die Anerkennung des Dunkels, denn nur das Dunkel, das Chaos, kann vom Urlicht erhellt und kosmisiert werden.

Das Urlicht ist der männliche, zeithafte Aspekt der Gottheit, die Urkraft der weibliche, räumliche. Der männliche Aspekt sorgt dafür, daß jede Anstrengung ihren Platz im Sinn, in der großen Harmonie des Tao findet. Die Urkraft ist der Geysir, der ewig sprudelnde Quell, den wir heute als Selbstorganisation bezeichnen, als die Fähigkeit des Wollens und der Wahl. Wesen ist geprägtes Sein, also das, was wir vom Menschen im All, von Gott im Chi integriert haben. Nur das Wesen ist imstande, mitmenschlich zu wirken.

Der Urgrund ist die Null. Der Ursprung und zugleich das Ziel der Rückkehr ist die Eins. Aus Null und Eins entsteht die Welt der Zahlen, das Werkzeug des großen Ich. Dieses Wissen ist nicht analytisch oder synthetisch zu ermitteln, sondern als Offenbarung zu schauen.

Das Rad war seit jeher bekannt. In den letzten Jahrtausenden wurde es nur esoterisch im Geheimen überliefert. Doch heute, am Beginn der Wassermannzeit, wird es zum Ausgangspunkt, zur Karte und zum Werkzeug eines jeden, der für den Aufstieg reif ist.

Schließen wir die Augen. Lassen wir auf der Wand unserer Stirn das traditionelle Symbol der Erde, das Radkreuz auftauchen. Betrachten wir dieses Symbol. Es ist keine Phantasie, sondern eine Vorstellung des Denkens, der Ansatz unseres Weges.

Der neue Name Gottes

Haben wir das Urbild fest im Griff, dann können wir daran gehen, seinen Gliederbau zu erörtern. Die Wissenschaft bestimmt die Beziehung vom Ich zur Welt als mögliche Strategien. Die Offenbarung eröffnet die Beziehung vom Selbst zum All. Sie ist nicht zu schaffen, sondern zu empfangen. Null und Eins *vor* der Schöpfung und *nach* der Schöpfung kehren sich um. *Vor* der Schöpfung ist der Raum die Null, indianisch Wakhan, und die Zeit ist die Eins, Skwan. *Nach* der Schöpfung ist die Zeit die Null, weil man nur in ihr Neues empfängt. Die Null ist das Nochnicht, und die Eins die erreichte Integration im Selbst. Das Wesen entfaltet sich zwischen diesen beiden. Sie sind im Rad in der Diagonale von links oben im Osten zur Kreismitte als Erdmitte zu erfahren:

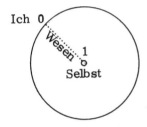

Das Ich umwandert in der Lebenszeit den ganzen Kreis. Das Selbst ist die ruhende Mitte in der Bewegung. Sie wird mathematisch durch den Schritt in die Unendlichkeit erreicht. Nach innen zu verlangsamt sich die Bewegung notwendig. Wird sie unendlich klein zum Punkt, dann ist die Mitte erreicht. Für viele Menschen wie auch für mich war dies Erreichen, in Don Juans Worten „stopping the world", ein entscheidendes Erlebnis.

Im Selbst ist die Bewegung die Eins, sie ist beschreibbar, und die Null die Ruhe. Das Selbst vereint also Eins und Null. Im Ich ist das Subjekt die Null und die Eins ist die Welt, die gegeben ist, die man erfährt und in die man hineinwirkt.

Die Vereinigung von Null und Eins ist Gott als das Einende Eine. Das Selbst ist mit Gott in der Teilhabe identisch, das Ich im Wirken. So ist die Welt der Zahlen keine Wissenschaft, sondern Gottesweisheit. Sie befähigt uns, an der Liebe, der Kommunion des Alls teilzuhaben.

Wissen ist der Unterbau, Weisheit die Krönung. Vom Glauben führt kein Weg zur Weisheit, weil er in seiner heute üblichen Form die Überantwortung an einen vermeintlich allmächtigen Gott bedeutet. So sehr auch eine solche Einstellung dem Kind und dem sich entfaltenden Menschen für eine gewisse Periode frommen kann, so falsch wird sie, sobald die Autonomie erreicht ist. Gott ist mathematisch als Maximum und Minimum, als größte und kleinste Zahl der Vorstellung allgegenwärtig, aber nicht allmächtig. Das Göttliche ist nicht Aktualität, sondern Potentialität. Daher heißt es auch im ältesten Weisheitsbuch der Menschheit, dem Buch der Wandlungen: Die Heiligen Weisen von altersher schufen den I Ging, um den lichten Göttern zu helfen. Diese bedürfen also unserer Hilfe, um auf Erden wirken zu können.

In der Wassermannzeit wird jeder zum Feind, der eine ausschließliche Ideologie vertritt, der also die Wahrheit in Worten sucht. Worte gehören zu einem bestimmten Denkstil. Ich habe deren Grundtypen in meiner „Geschichte der Denkstile" an Hand lebendiger Beispiele veranschaulicht. Aber Weisheit ist kein Denkstil. Sie ist das Verstehen der heiligen Zahl, indianisch des sacred count, islamisch der Weltgrammatik und kabbalistisch der Sefiroth, der neun Namen Gottes.

Die Wassermannzeit wurde als Zeit des Friedens prophezeit. Dessen Voraussetzung wäre, daß die Ideologien, Gruppen, Bekenntnisse und Weltanschauungen ihre Macht verlieren. Solange eine Teilwahrheit den Weg auf die ganze Wahrheit verstellt, wird sie zum zersetzenden Fremdkörper. Glaubenssysteme sind ebenso verfehlt wie Überzeugungssysteme und verhärtete Meinungen. Weisheit kann nicht für Fachleute oder eine Elite gelehrt werden, sondern nur über die Einsicht in den wahren Sinn der Ganzheit. Wir müssen uns nicht fragen, sagte Poincaré, *ob* die Welt eine Einheit ist, sondern *wie* sie eine Einheit ist; erst dann erkennen wir den Zusammenhang. So hat Weisheit einen Ausgangspunkt: die Entscheidung zur Erkennbarkeit des Sinnes, glauben im altgriechischen Sinn des *nomizein*, des Anerkennens.

Gott ist nicht das Wort, er ist die Zahl. Zahl kommt von zählen. Der Beginn des Johannesevangeliums lautet im Urtext: Im Anfang war der Logos – von *legein*, zählen. Daß das Wort nicht die Wahrheit, sondern linguistisch eine Deutung der Wahrheit ist, wird aus folgender Gegenüberstellung offensichtlich:

Der neue Name Gottes

5 Bären	und	6 Wölfe	sind	11 Tiere	: Bedeutung und Sinn;
5	+	6	=	11	: nur Sinn.

Weisheit ist die Fähigkeit, unter allen Bedingungen und Umständen von der Bedeutung zum Sinn, also dem Zusammenhang mit dem Sein und mit Gott durchzustoßen.

Die Copula der prädikativen Aussage hat keinen Bedeutungsinhalt; sie ist die Grundlage der Logik und Logistik, kann aber jeder Deutung aufgestülpt werden. Aber der Mensch ist nicht Satzsubjekt, sondern Sprechsubjekt. Weisheit ist also beschreibbar; sie bedeutet, die Subjekthaftigkeit vom Wort auf die Zahl und den Gesamtzusammenhang aller Zahlen zurückzuverlegen.

Dieser Gesamtzusammenhang ist das Rad, das Ursymbol der Religion des Menschen, wie sie in Tibet im Gcüg überliefert wurde. Seine Grundlage ist die Systemik der heiligen Mathematik. Analog wurde sie von den Tibetern im Symbol gefaßt, kritisch durch den ersten Menschen, der das Wort Philosoph für sich in Anspruch nahm, durch Pythagoras.

Mathematik gliedert sich in *Arithmetik* oder zeitliche Rechnungsarten, *Geometrie* oder räumliche Dimensionen und *Zahlenarten*. Zusammen bilden die Drei das Urbild des Verstehens, die Vernunft als ratio essendi im Unterschied zur ratio cognoscendi des Verstandes, die beim Durchschnittsmenschen schläft, aber erweckt werden kann. Diese Erweckung führt zu einem ähnlichen Ergebnis wie die Bekehrung zu einem Glauben: Der Mensch findet fortan sein wahres Subjekt im Göttlichen als dem Einenden Einen.

Jedes traditionelle Gottesbild war zeitgemäß richtig. Krishna erklärt im vierten Kapitel der Bhagavad Gita, daß in jedem Zeitalter die Offenbarung neu auf die Welt kommt; hinter diese letzte brauche man nicht zurückzugehen. In der Fischezeit war es die Nachfolge; in der Wassermannzeit ist es der Weg der Zahl, und der entscheidende Schritt ist nicht die Bekehrung von der Sündigkeit, sondern der Überstieg vom Wissen zur Weisheit, jenem Wissen hinter dem Wissen, das die pythagoräische Tradition als Esoterik bezeichnet hat.

Weisheit kann weder von der Geschichte ansetzen noch von einem Religionsstifter oder Guru. Sie leuchtet keiner Gruppe ein, sondern nur jenen Einzelnen, die linguistisch gesprochen vom Satzsubjekt zum Sprechsubjekt aufsteigen. In der pythagoräischen Schule der Weisheit mußte der Adept fünf Jahre schweigen, bevor er vom Akusmatiker, dem Zuhörer, zum Mathematiker, dem Handelnden aus der Zahl wurde.

Die damalige öffentliche Struktur war auf Hierarchie und Besitz aufgebaut und die Schule wurde zu einem politischen Bund, der nach dem Tode des Pythagoras vernichtet worden ist. In der heutigen technologischen Zivilisation entscheiden nicht mehr Macht und Besitz über den Sinn des Lebens, sondern das Verstehen und die Einsicht, die einen den sinnvollen Ort des Mitwirkens erkennen lassen. Daher gilt es heute alle philosophischen Fragen neu zu stellen. Kein Weg führt von der traditionellen akademischen Wahrheitsfindung durch Verteidigung von Meinungen und Thesen zur Weisheit. Doch frühere Kulturen kannten diesen Weg. Für die Ägypter entsprach das rechte Auge der Sonne, dem Tag und dem Wachen, das linke dem Mond, der Nacht und dem Traum. Ihre Initiation bedeutete, das linke Auge des Osiris zu erwecken, um die Nachtfahrt, die Zeit nach dem Tode bis zur Wiedergeburt zu bestehen.

In unserer Sprache schaut aus dem rechten Auge das Ich, aus dem linken das Selbst. Das linke ist bei wenigen entwickelt; das Ich muß vom Täter zum Ichorgan werden, das Selbst vom Zeugen zum Handelnden reifen.

Betrachten wir nun die Sprache aus der Sicht der Dreiheit Ich – Selbst – Wesen. Das Selbst zeigt die Bedeutung. Man kann sagen ein Mensch ist bedeutend, nicht aber er ist sinnvoll. Bedeutend ist er dann, wenn man ihm Bewußtseinsinhalte, die zum Können geworden sind, zurechnet. Das Ich schafft den Sinn, die Verbindung zur Welt; es ist inhaltlich leer, Null. Das Wesen vereint Ich und Selbst; es wird von der Stimme getragen, die aus dem Sinn die Bedeutung schafft. Wenn sie einmal geschaffen ist, dann wird sie zur Erinnerung, kann abgerufen werden als Teil der Ichstrategie.

Die Entfaltung zum sprechenden Wesen vollzieht sich über sieben Stufen. Die Fähigkeit zum kommunizierenden Wort beginnt mit dem ersten Schrei. Die Sprachentwicklung kennt sieben Schichten: Sie führen zur Unterscheidung der *zeithaften Funktionen* und *raumhaften Bereiche*, die den Raster des Rades ausmachen. Betrachten wir nun diese Stufen im Einzelnen.

Der neue Name Gottes

7.	Dichtung	Geist
6.	Kommunikation	Seele
5.	Wortschatz	Körper
4.	Grammatik	wollen
3.	Lateralisation	fühlen
2.	Erkundung des akustischen Milieus	denken
1.	Gebärde	empfinden

1. Die erste Stufe sind die Gebärden: schreien, lachen, weinen, gähnen. Das Gähnen, als die Öffnung des ganzen Organismus, woraus auch der Seufzer der Erleichterung entsteht, hat der Mensch mit den Tieren gemeinsam. Schreien, lachen und weinen hat er für sich allein. Der Schrei ist die Äußerung des Selbstes; es kündet: Ich bin da.

Das Lachen, gleichsam als Wiederholung des ersten Atemzuges, des Ausatmens, führt in die Heiterkeit.

Das Weinen, dem Einatmen verwandt, führt in die Trauer. Die Stimme erlebt sich als Name. Mit dem Namen wird das Kind angesprochen, er ist fortan sein Ich, seine Identität. In der Neuzeit ist es der Vorname, während der Familienname die Eingliederung in die Generationenfolge verdeutlicht.

Die Gebärde sieht der andere, sie ist kommunikativ. So ist die Grundlage des Sprechens das Äußern der Empfindungen. Gesichtsausdruck und Gebärde lassen die Eltern spüren, wie sich das Ich des Kindes regt. Doch dieses Ich hat bereits eine bestimmte Veranlagung, ein Selbst, das teils auf das Erbe der Eltern zurückzuführen ist, teils auf die Geschichte der früheren Inkarnationen. Der Mensch kommt nicht als Tabula Rasa auf die Welt, wie es der Rationalismus behauptete.

2. Das Empfinden ist wach; der Name wird vom Kind als Laut oder Zeichen vernommen; es weiß, daß es gemeint ist. Mit der zweiten Stufe beginnt die Erkundung des akustischen Milieus. Wie der Fisch im Wasser, ist der Mensch in der Luft, im Schall zu Hause. Das Kind hört, wie die Eltern Laute von sich geben, an die sich bestimmte Verhaltensweisen anschließen, und will diese Laute erkunden. So beginnt es mit dem

Brabbeln; es spielt mit den Lauten, findet immer neue Variationen, wobei diese zum Teil von seiner Umwelt bedingt sind; ein Kind, das nie Umlaute vernahm wie in England, wird es später schwer haben diese zu artikulieren.

Die Laute haben zwei Ursprünge: Vokale und Konsonanten, Selbstlaute und Mitlaute. Alle Selbstlaute entstammen Schwerpunkten, die sich aus der körperlichen Resonanzfähigkeit ergeben, wie Helmholtz nachgewiesen hat:

i	erklingt im Kopf
e	im Nacken
a	im Herzen
o	im Nabel
u	im Unterbauch

Zwischen diesen fünf Selbstlauten, die Resonanzträger sind, also eine Ordnung schaffen, gibt es unzählige Zwischenlaute wie die Umlaute ö und ü, eine Vielfalt von Abstufungen. I und e gelten als hell, o und u als dunkel, a ist die Mitte, sie ist offen und läßt alle Obertöne mitklingen.

Die Selbstlaute zeigen die ichhafte Beziehung zu anderen, So heißt englisch ich „I", ai gesprochen, russisch „ja" und italienisch „io". Das deutsche „Ich" und das französische „je" sind mit einem Mitlaut verbunden, Ich und Selbst sind verquickt.

Das Singen der Selbstlaute bringt jeden Menschen in die Ichheiterkeit, weil er dadurch kommunikativ wird. Doch das Selbst äußert sich in den Mitlauten, denen die Bedeutung entstammt. Daher wurde auch in manchen Sprachen wie arabisch und hebräisch die Schrift auf die Mitlaute beschränkt, und die Vokalisierungen zeigen etymologische Verwandtschaften, was im Islam zu vielen Geheimsprachen führte. So konnten sich Anhänger unterdrückter esoterischer Schulen verständigen, ohne daß die Hüter der Orthodoxie es merkten, wenn etwa kadr, kidr und kudr austauschbar sind.

Die Mitlaute entstammen dem Sprechwerkzeug. Das Gehör unterscheidet stimmlose, stimmhafte, aspirierte, harte und weiche Mitlaute. Nach ihrer Stellung im Sprechwerkzeug haben sie eine bestimmte Bedeutung, die aber unterschwellig bleibt. Das Sprechwerkzeug ist neun-

fältig gegliedert; so ergeben sich als akustisches Milieu vierundfünfzig
Mitlaute:

	stimm- los	stimm- haft	aspiriert (hart oder weich)
1. Kehle	Schrei	Ton	Hauch
2. Kehle – Gurgel	eh	ng	ch
3. Gurgel	k	?	g
4. Gurgel – Zunge	r	j	j
5. Gaumen	tl	l	sch
6. Zunge – Zähne	d	n	th
7. Zähne	ss	s	hs
8. Zähne – Lippen	v	w	f
9. Lippen	p	m	b

In jedem Landstrich der Erde werden andere Laute bevorzugt oder
ausgelassen. Doch der Mensch könnte jede Sprache lernen. Versuche,
eine numerologische Ordnung der Laute durchzuführen, sind gefähr-
lich, da sie eine falsche Verschmelzung von Zahlenwelt und Lautwelt
schaffen und damit eine falsche Esoterik.

Das Brabbeln wird vom Kritzelalter begleitet. Wenn man in einer
Lautsprache fixiert ist, kann das Denken durch Erlernen anderer Laut-
formen erweitert werden. Hindert man ein Kind daran, die Lautwelt
voll auszukosten, dann leidet die Intelligenz, die Assoziationsfähigkeit,
weil sich auf diesem Lautschatz im Unterschied zum Wortschatz später das Gedächtnis aufbauen wird.

Jeder ist imstande, alle vierundfünfzig Schattierungen zu unterscheiden, vielleicht noch mehr, die aus Verbindungen entstehen. Das Brabbeln ist die Wahrnehmung des bedeutungslosen Chaos, woraus der
sinnvolle Kosmos entstehen könnte. So ist das Denken einerseits aus
den Lauten gespeist, andererseits aus der Beziehung zur Bedeutung, die
in der dritten Stufe auftaucht.

Bei einer Seminarübung des Brabbelns lassen sich in Europa verschiedene Lautstile unterscheiden: der nordgermanische, der slavische,
der türkische und der hebräische. Aber entscheidend beim Denken ist,

daß es instrumental verwendet werden kann. Hier bereitet sich die wesentliche Unterscheidung von Sinn und Bedeutung vor. Ein Laut ist nach Saussure ein Bezeichnendes, ein *signifiant*; was er bezeichnet ist ein *signifié*. Das durch ein Wort Bezeichnete entstammt nicht den Lauten, sondern kommt entweder aus einer Erfahrung des Empfindens oder einem Wunsch und Trieb des Fühlens.

3. In der dritten Sprachstufe erscheint die Lateralisation. Das Kind entscheidet sich, Rechtshänder oder Linkshänder zu werden. Die Voraussetzung der Lateralisation liegt darin, daß Stimmwerkzeug und Ohr, rechts und links verschieden lang verknüpft sind, woraus sich eine Verzögerung zwischen beiden Ohren um eine Zehntel Sekunde ergibt.

Die Doppellaute – Mama, Papa, Miammiam, Kaka, Pipi – bedeuten den Beginn des Fühlens. Das Kind versucht nicht nur das akustische Milieu zu artikulieren, sondern mittels der gefundenen Laute seine Wünsche und Motive anderen, vor allem der Mutter verständlich zu machen.

Diese Verständigung ist keine Klärung, sondern folgt den Wünschen und der Sehnsucht nach gefühlsmäßiger Kommunion. Ihre Sprache ist der Dialekt; oft versuchen Kinder auch in der Gruppe eine eigene Sprache zu entwickeln, die Zugehörigkeit ausdrückt und die niemand Fremder verstehen soll.

Der Schritt vom Brabbeln zur Lateralisation ist nicht leicht. Er verlangt das Überschreiten einer Schwelle, die von der indischen Tradition als *vishnu granti*, als Knoten des Vishnu bezeichnet wurde. Das erhaltende göttliche Prinzip, Vishnu – im Unterschied zum kreativen und zerstörenden, Brahma und Shiva – ist Träger der inneren Signale, die den Mangel eines Organismus aufzeigen.

Der Mensch teilt die vier großen Triebe, Nahrung, Sicherung, Aggression und Reproduktion mit den Tieren. Diese gilt es in ihrer Reinheit zu erkennen. Das Fühlen ist sprachlich nicht nur der Ort des Wünschens, sondern auch des Meinens, das man sich selbst zurechnet. Mit Beginn der Sozialisierung wurde es in vielen Kulturen unterdrückt. Erst die Psychologie der Gegenwart begann zu begreifen, daß die Triebe die Grundlage späterer Kreativität sind. Fühlen beruht auf dem kosmischen Stoffwechsel, dem Fressen und Gefressenwerden. Es schließt den Tod ein. Daher auch die Vorstellung der Schuld, die positiv von den Indianern formuliert wurde: Ich kann andere Lebewesen nur dann mit gutem Gewissen verzehren, wenn ich auch selbst anderen zur Nahrung im übertragenen Sinn diene, wenn ich für sie nützlich bin.

Die Logik des Fühlens ist: Auftauchen des Bedürfnisses, Befriedigung und Versinken des Wunsches ins Unbewußte, woher es später wieder auftaucht.

Spiele, Reime und Reigen machen die Eigenmächtigkeit des Fühlens bewußt. Das Fühlen ist der Traumwelt verschwistert; seine Triebe sind kein Haben, wie die falsche deutsche Formulierung nahelegt: nicht ich habe Hunger, sondern Hunger hat mich. Ich kann ihn entweder verneinen und bewußt fasten, ihn meinem Willen unterwerfen oder aber ihn befriedigen, wodurch ich für ein neues Motiv frei werde.

4. Der Mensch ist kein unbeschriebenes Blatt wie im Ideal der Aufklärung, sondern ein beschreibbares Triebbündel, eine Motivation, von der aus der Schritt in die Intentionen des Wollens geschieht. Doderer beschrieb diesen Schritt als Überschreiten der Dialektgrenze, als Durchbruch zur Aussage, die nicht mehr aus der Meinung kommt sondern für sich allein steht.

Betrachten wir die Sprache von den Bewußtseinsschichten aus, dann ist das Empfinden die Funktion des Wachens, das Fühlen die des Traumes, das Denken die der Vorstellung – Laut wird Bild und Bild wird Laut – und das Wollen, die aus der Inhaltsleere des Schlafes geborene Aufmerksamkeit, die Fähigkeit zu Wahl, Entscheidung und Entschluß. Das Wollen beruht auf der Grammatik. Betrachten wir das linguistische Schema:

<table>
<tr><td></td><td>Schlaf
wollen
Grammatik</td><td></td></tr>
<tr><td>Wachen
empfinden
Hinweis</td><td></td><td>Traum
fühlen
Etymologie</td></tr>
<tr><td></td><td>Vorstellung
denken
Information</td><td></td></tr>
</table>

Der *Hinweis* wird aus Lauten oder Zeichen gebildet. In seinem Bereich lassen sich die Worte in jede andere Sprache übersetzen, wie etwa Bleistift, pencil, crayon. Die *Etymologie* ist dem entgegengesetzt und unbewußt. Man kann nicht gleichzeitig auf Hinweis und Wortwurzel achten, etwa daß crayon von Kreide, pencil von der Feder und Bleistift von Blei kommt. Die *Information* ist der Satzkreis, der richtig oder falsch gebildet sein kann, etwa: Das Buch liegt auf dem Tisch; der andere nimmt im Denken die Information analytisch auf und bildet die entsprechende *Vorstellung*. Doch ob die Vorstellung wahr oder falsch ist, bestimmt die *Grammatik*.

Traditionell wurde Grammatik in Europa als Teil der Sprache betrachtet, wie etwa im Deutschen die Unterscheidung von regelmäßigen und unregelmäßigen Zeitwörtern dazu gerechnet wird; philosophisch gehört sie zur Etymologie. Grammatik beruht nicht auf dem Wort sondern auf der Zahl. Ihre Grundlage ist die Vereinigung von Quantität und Qualität in den Wortarten durch die natürlichen Zahlen.

Viele unterscheiden nicht zwischen ganzen und natürlichen Zahlen. Aber die echten natürlichen Zahlen haben keine Ausdehnung. Ihr Ursprung ist in den neun Ziffern und der Null. Deren Zusammenhang wurde im Islam wiederentdeckt und von Gurdjieff im Enneagramm überliefert, das der Schlüssel zur Grammatik ist.

Das Enneagramm zeigt die Gesetze der neun Ziffern, wie sie sich in der Division darstellen. Die neun Ziffern sind im Kreis angeordnet, sodaß die Neun den Scheitelpunkt einnimmt. Aus der Division ergeben sich folgende Verbindungslinien:

1. Die Ziffern 3, 6 und 9 zeichnen sich in der Division dadurch aus, daß jede Zahl, deren Quersumme durch eine dieser drei teilbar ist, auch selbst durch sie geteilt werden kann. Sie werden miteinander zum Dreieck verbunden. Diese Divisionen ergeben unendliche Brüche mit der wiederkehrenden Ziffer 3 oder 6.

$$1 : 3 = 0,3333......$$
$$1 : 6 = 0,16666 ......$$

2. Als einzige der übrigen Ziffern ergibt die Division durch die Zahl 7 einen unendlichen periodischen Bruch, der die übrigen Ziffern des Enneagramms miteinander verbindet und je nach Dividend mit einer anderen Ziffer beginnt, aber immer die gleiche Ziffernfolge aufweist:

$$1 : 7 = 0,142857 \ 142857......$$
$$2 : 7 = 0,285714 \ 285714......$$

Der neue Name Gottes

Die Grammatik des Enneagramms ist die Grundlage der Vernunft als Urbild des Denkens. Das Dreieck bestimmt die *Zeitworte*, die mannigfaltige Figur die *Raumworte*.

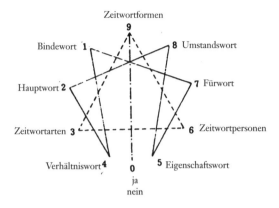

Gegenüber der 9 ist die 0. Sie bestimmt den Satzbau, das heißt das Sein des Satzes. Jeder Satz ist letztlich eine prädikative Aussage oder kann in diese überführt werden, wie das Beispiel von Frege zeigt. Der Satz „Mein Vater starb gestern" wird in folgender Form als Urteil verifizierbar: „Der gestrige Tod meines Vaters ist eine Tatsache." Damit ist das Gegenteil falsch, und es gibt innerhalb des Satzrahmens keine dritte Alternative. Der Satz ist logisch korrekt und kann als Gedächtnis zum abrufbaren Wissen werden.

Was ist nun die Beziehung von der Ziffer zum Wort? Der Syllogismus ist dreifältig, die Gleichung ebenfalls. Links ist die Analyse, rechts die Synthese: $3 \times 4 = 12$. Daher kann uns die Fläche – drei Punkte, beliebig aufeinander bezogen, schaffen die Ebene – zeigen, wie es sich mit dem analytischen Ich und dem synthetischen Selbst verhält. Kant hatte erklärt, die Grundlage aller Philosophie sei die Frage: Wie sind synthetische Urteile a priori möglich? Ein analytisches Urteil wie der Syllogismus – Alle Menschen sind sterblich, Sokrates ist ein Mensch; also ist Sokrates sterblich – ist ein Erläuterungsurteil. In der Prämisse, dem Obersatz, ist die Verallgemeinerung potentiell enthalten, man lernt nichts Neues. Dagegen ist der Satz „Gold wird in Sibirien gefunden" synthetisch, denn aus dem Begriff Sibirien läßt sich Gold nicht ableiten. Der Syllogismus ist a priori, nicht aus der Erfahrung gewonnen, das zweite synthetische Erweiterungsurteil a posteriori, aus der Erfahrung gewonnen. A priori kann ein synthetisches Urteil nur gebildet werden durch die Zahl, wenn ich dem arithmetischen, also zeitlichen Charakter der Aussage den geometrischen, raumhaften Aspekt, die Anschauung hinzufüge. Kants Beispiel lautet: $7 + 5 = 12$. Aus Fünfeck und Siebeneck läßt sich das Zwölfeck nicht visuell ableiten. Somit ist die Zahl das Urbild des synthetischen Urteils a priori und damit der Grund des Wollens. Die Aufmerksamkeit, die sich auf den Zusammenhang richtet, ist nullhaft, leer, dagegen die Synthese, die Bedeutung, die ich erkenne oder schaffe, Teil der Fülle.

Der Begriff *Sein* ist sprachlich die prädikative Aussage in der Copula, die dem Bedeutungsinhalt nichts hinzufügt: Bildhaft sind die Urteile „Die Rose ist rot" und das Subjekt-Attributpaar „rote Rose" identisch, weshalb viele Sprachen, wie russisch und ungarisch, die Copula nicht verwenden und überflüssig finden. Das ist sie aber nicht. Nur durch die Copula wird der Satz logisch verifizierbar und damit zum echten Wissen, das im Sinne des Realismus des mittelalterlichen Universalienstreits ewig gültig ist.

Kant hatte die letzte Schlußfolgerung aus seinem synthetischen Urteil a priori nicht gezogen. Er nahm als Archetypen anstelle der Ziffern, wie sie die jüdische Kabbala als Namen Gottes verstand, eine künstliche Kategorientafel, die zwar Ordnung schuf, aber durch spätere Synthesen überholt wurde, wie ich in meiner „Geschichte der Denkstile" dargestellt habe. Die Reinheit der Ziffern als sinnschaffende Bedeutungsträger habe ich als erster in meinem Buch „Das Rosenkreuz" 1956 dargestellt. Diese Entdeckung war der entscheidende kritische Schritt: Er ermöglicht, alle vorläufigen Bedeutungen auf den nullhaften Sinn zurückzuführen und damit sowohl falsche Ichbilder als auch falsche Gottesvorstellungen und Ideologien zu transzendieren.

Jede der Ziffern hat eine eigene geometrische Figur, sie ist ein Wirkfaktor, und dieser Wirkfaktor ist das Prinzip aller weiteren, die sich auf ihn zurückführen und von ihm ableiten lassen. Damit wird das Wissen zur Weisheit; über die Null, also das Nichts, wird der Zusammenhang mit dem Wesen und damit mit Gott geschaffen. Die natürlichen Zah-

Laute

i erklingt im Kopf
e im Nacken
a im Herzen
o im Nabel
u im Unterbauch

	stimmlos	stimmhaft	aspiriert
	Schrei	Ton	Hauch
1. Kehle	ch	ng	ch
2. Kehle - Gurgel	k	?	g
3. Gurgel	r	j	j
4. Gurgel - Zunge	tl	l	sch
5. Gaumen	d	n	th
6. Zunge - Zähne	ss	s	hs
7. Zähne	v	w	f
8. Zähne - Lippen	p	m	b
9. Lippen			

Inbegriffe

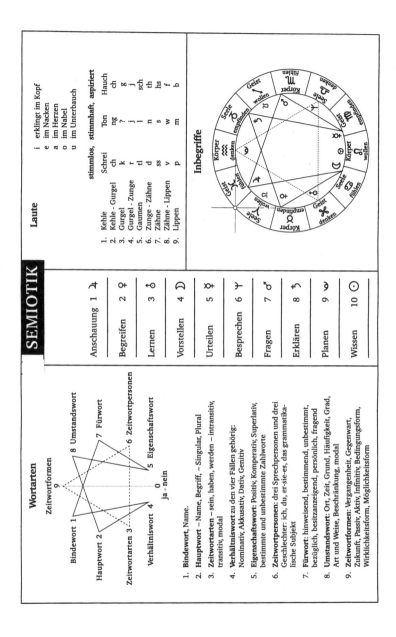

Wortarten

Zeitwortformen 9
8 Umstandswort
7 Fürwort
6 Zeitwortpersonen
5 Eigenschaftswort
Bindewort 1
Hauptwort 2
Zeitwortarten 3
Verhältniswort 4
0 ja - nein

Anschauung 1 ♃
Begreifen 2 ♀
Lernen 3 ☊
Vorstellen 4 ☽
Urteilen 5 ☿
Besprechen 6 ♈
Fragen 7 ♂
Erklären 8 ☋
Planen 9 ☽
Wissen 10 ☉

1. Bindewort, Name.
2. Hauptwort – Name, Begriff. – Singular, Plural
3. Zeitwortarten – sein, haben, werden – intransitiv, transitiv, modal
4. Verhältniswort zu den vier Fällen gehörig: Nominativ, Akkusativ, Dativ, Genitiv
5. Eigenschaftswort: Positiv, Komperativ, Superlativ, bestimmte und unbestimmte Zahlworte
6. Zeitwortpersonen: drei Sprechpersonen und drei Geschlechter: ich, du, er-sie-es, das grammatikalische Subjekt
7. Fürwort: hinweisend, bestimmend, unbestimmt, bezüglich, besitzanzeigend, persönlich, fragend
8. Umstandswort: Ort, Zeit, Grund, Häufigkeit, Grad, Art und Weise, Beschränkung, modal
9. Zeitwortformen: Vergangenheit, Gegenwart, Zukunft, Passiv, Aktiv, Infinitiv, Bedingungsform, Wirklichkeitsform, Möglichkeitsform

len sind die rationes seminales, die keimhaften Urgründe, und ihr Zusammenhang ist der Urcode der Semiotik.

Eins ist ein Punkt und bestimmt das *Bindewort*. Zwei ist eine Strecke und Matrix des *Hauptwortes*. Drei ist das Dreieck und Urbild des *Zeitwortes* und der Bewegung. Vier ist das Quadrat und das Modul des *Verhältniswortes* mit der Deklination. Fünf, der Stern des Menschen im Pentagramm, ist die Struktur des *Eigenschaftswortes*. Sechs, der Davidstern als Urbild einer auf Gott bezogenen Gemeinschaft, zeigt die *Personen des Zeitwortes* in ihrer Gegenüberstellung von Einzahl und Mehrzahl. Sieben, nicht mit Zirkel und Lineal konstruierbar, zeigt den Ort der reinen Kraft im *Fürwort*, das im *Fragewort* gipfelt. Acht, das Achteck, bestimmt die Umstände in den Kategorien des *Umstandswortes*. Neun ist die Systemik der *Zeitwortformen*, und Null ist der dreifältig zu verstehende *Satz*: als Aussagesatz, Sollsatz oder Fragesatz. Betrachten wir nun die Ziffern im einzelnen.

DIE WORTARTEN

1. Bindewort: und/oder •

Die Zahl 1 ist die Einheit, arithmetisch als Punkt, geometrisch als Intervall. Ihre sprachliche Formulierung ist das Wort und ihre syntaktische das Bindewort, die Konjunktion. Das Wort ist *signifia* und *signifié*. Es ist ein Name, der das Wesen ausdrückt, ja von dem sich dieses Wesen aufbaut. Im Intervall ist es der Schritt vom Nichts zum Etwas, von null zu eins. Eins ist die kleinste Zahl und auch die größte. Nur was die Einheit erreicht und fähig ist, mit anderen Einheiten intervallisch zu kommunizieren, kann zum Träger des Ichs werden.

Was nun integriert werden soll, ist eine Bedeutung, ein Wort durch Zusammenfügung von Buchstaben und Wortwurzeln, wie etwa wahrnehmen = als richtig bestimmen, die Verbindung der zwei Worte blau und grün, oder zweier Sätze: der Himmel ist blau und die Sonne scheint. Nur die Eins ist unbedingt, absolut; jede andere Zahl unterliegt bestimmten Bedingungen.

So bedeutet, als Ich in der Zeit zu wirken, sich mit seinem Namen zu identifizieren. In diesem Namen beginne ich meinen Wortleib zu entfalten, oder besser gesagt zu bekleiden.

Das zweite Bindewort „oder" verlangt den Schritt über das Nichts, die Null, die Alternative, im positiven Sinn die Ergänzung, sowohl – als auch.

Hier fassen wir nun den Ursprung des Wesens. Der Name, den man trägt, ist die der Gottheit entsprungene Erkenntnis der inneren Einheit, die Subjekthaftigkeit, die als Selbst ungreifbar ist, aber als Ich mit anderen in Beziehung tritt, indem die Ebene der Semiotik, der Information, zur menschlichen Umwelt wird.

2. Hauptwort, Name und Begriff

Die Welt der Eins ist dichterisch, elementar und waagrecht. Die Ordnung der Zwei dagegen ist senkrecht. Mit der Eins beginnt die arithmetische Reihe durch die Zahlen 1, 2, 3, 4, 5, 6, 7, 8, 9; mit der Zwei die geometrische: 2, 4, 8, 16, 32, 64.

Das Hauptwort hat die Fähigkeit, eine Vielzahl von Worten unter einem Begriff zu vereinen: der Mensch – fünf Milliarden Menschen. Ein Tisch, alle Tische. Der Syllogismus gliedert einen Begriff einem Oberbegriff ein. Eins hat den Charakter der Primzahlen, zwei den der geraden Zahlen. Während die Eins beginnt, setzt die Zwei fort, denn ohne eine Wortvorstellung kann ich diese nicht verallgemeinern.

Gott ist nicht das Wort, sondern die Werksphäre Gottes ist die Wortebene. Die körperliche Auferstehung bezieht sich auf den Wort gewordenen Menschen und nicht auf gut und böse.

Zwei ist das Gesetz des Lebens. Sie bestimmt die Teilung der Urzelle nach der Befruchtung bis zum ausgestalteten Organismus.

Die neun Ziffern des Enneagramms sind der formale Grund aller Wortwerdung; sie sind, in mittelalterlicher Sprache, die *rationes seminales*, chinesisch das germinale Bewußtsein. So gehören auch Sinn und Bedeutung, Weisheit und Wissen zur Welt der Zwei.

3. Zeitwortarten, sein, haben, werden

Wie kommt der Begriff zu seiner Bekleidung mit Worten? Der Schlüssel liegt in den drei Zeitwortarten, die sich auf *sein* als Begriff, *haben* als Name und *werden* als die Vereinigung zwischen beiden ausdrücken. Mittels der Drei verlassen wir die mannigfaltige Figur und kommen zum tragenden Dreieck des Enneagramms, das als Symbol der Gottheit, als Auge Gottes gilt und manchmal spontan in Visionen einfällt.

Die Drei ist der Weg der Erkenntnis. Ich muß von einem Sein, einem Zustand ausgehen, auf das gewünschte Haben, die neue Bekleidung zielen und somit das ursprüngliche Sein durch das Werden verwandeln.

In der Syntax sind die drei Komponenten intransitive (nicht-zielende), transitive (zielende) und modale Zeitworte, von denen ich in einem Satz immer nur *eine* Art zum Prädikat erheben kann.

In der Musik führt der Fortschritt der Quinten, 3/2 : 1, wie wir sehen werden, wieder zum Grundton zurück, es bildet sich der Kreis des Quintenzirkels als eingeborener Rahmen aller Zeitvorstellung.

So ist das Urbild der Erkenntnis der Schluß: Habe ich etwas begriffen, dann kann ich es verstehen. Es wird Teil des Gedächtnisses, unterbewußt, und ich kann mich nullhaft einem neuen Gegenstand zuwenden.

4. Verhältniswort, die vier Fälle der Deklination

Habe ich das Wort, seine Unterbegriffe im Sinne der zweiten Wortart, und schließlich die Möglichkeit, die Erkenntnis über die dritte Wortart voranzutreiben, dann kommt als vierter Schritt die Ebene der Vorstellung, die durch das Verhältniswort ausgedrückt ist und durch das Quadrat zu veranschaulichen ist. Der *Nominativ* ist Erbe des Seins, der *Akkusativ* Erbe des Habens, und der *Dativ* – der gebende Fall als Beziehung – vermittelt. Der vierte Aspekt ist der *Genitiv und Possessiv*; die Vorstellung wird Teil aller Vorstellungen.

Wenn ich ein Verhältniswort verwende, dann ist die Mitte des Schemas nullhaft im Unterschied zum Kreis. Verhältnisworte gibt es nur in Beziehung zu einer unausgesprochenen Mitte. Ich fahre nach Paris – von wo? Ich komme nach ihm – räumlich hinter, zeitlich später. Paris ist weit – von wo? Dieses wo wird in der Deklination und Präposition nicht einbegriffen. Somit ist die vierte Wortart ein Abschluß der Entwicklung, der sprachliche Raum ist umrissen; darum blieb die aristotelische Grammatik dabei stehen und verwandte die weiteren Wortarten nur als Ergänzung – Adverb zum Verb, Adjektiv zum Substantiv.

Auf deutsch können Verhältnisworte wie an, auf, hinter, in, über, unter, neben, vor und zwischen verschiedene Fälle in Bewegung und Ruhe regieren. Ich lege das Buch auf *den* Tisch – das Buch liegt auf *dem* Tisch. Ich hänge das Bild an *die* Wand, das Bild hängt an *der* Wand.

Die Vier ist das große Geheimnis. Sie ordnet alles, was es gibt, um den nullhaften Mittelpunkt, der dann im Kreis zur einshaften Mitte des Selbstes wird. So kann man sich die Null als Zentrum der vier Richtungen vorstellen, Osten, Westen, Süden und Norden.

Zwischen den beiden unteren Spitzen des Enneagramms, 4 und 5, besteht keine Beziehung. Mit den Schritten 1 bis 4 ist ein Zusammenhang abgeschlossen, ebenso wie bei den Dimensionen. Das Fünfte als Mitte des Vierecks ist ungreifbar, wird nur durch die Diagonalen geschaffen, die zu den Seitenlängen des Quadrats irrational sind. Im Fünfeck dagegen, dem Pentagramm, gibt es keine Mitte, dafür aber die zehn Diagonalen.

5. Eigenschaftswort, Positiv, Komparativ, Superlativ, bestimmtes und unbestimmtes Zahlwort.
Das Pentagramm ist seit jeher das Symbol des Menschen. Betrachten wir das Fünfeck von den Gliedern her.

Die linke Hand sei der *Positiv*, die Qualität oder Beschaffenheit. Das ist gleichsam eine Liste von Gegebenheiten, von denen man ausgehen muß; die Vollständigkeit ist entscheidend.

Der Kopf ist der *Komparativ*: unterscheiden, vergleichen und werten. Etwas gilt für mich mehr als etwas anderes; das ist eine Wertung, eine Entscheidung, und bringt mich zum Handeln. Überhaupt hat das Handeln auf deutsch den Doppelsinn von Tun und kaufmännischem Umsatz. Hier werden die Zahlen zu Geld, zum Maßstab des Austausches, der aber in sich die Möglichkeit der Potentialität, der Vermögensbildung hat.

Die rechte Hand entspricht dem *Superlativ*. Die Wahl fällt auf das schönste Bild, das beste Essen, die anregendste musikalische Komposition, die größte Leistung, den höchsten Wert. In der rechten Hand wird die Kompetition zum Streben nach dem Sieg, wenn der Superlativ wie in einem sportlichen Wettkampf erreicht wird. Man ist der erste; in den meisten Sprachen ist die Ordnungszahl eins ein Superlativ. Es gibt nur den Ersten, keinen Zweisten.

Das *unbestimmte Zahlwort*, die Menge, wie sie auch durch Cantor verdeutlicht wurde, ist das Chaos, aus dem ein Kosmos entstehen kann. „Viele Menschen kamen, manche waren blond, aber drei waren schwarzhaarig."

Heute beginnt man den mathematischen Unterricht mit dem Vergleich von Mengen bereits am Anfang der Volksschule. Doch in der abendländischen Philosophie außerhalb der Naturwissenschaften wird die Zahl nur als *Zahlwort* gebraucht; Geometrie und Zahlenarten werden von willkürlichen Axiomen, also sprachlichen Zusammenhängen abgeleitet. Aber die Zahl ist oberhalb des Wortes, ihr Ursprung ist null und eins. So entspricht der linke Fuß der Null, der Menge oder dem Chaos, woraus man eine Auswahl kosmisieren kann, und der rechte der Eins, Ansatz der bestimmten Zahlworte.

6. Zeitwortpersonen, ich, du, er – sie – es, wir, ihr, sie.
Auf deutsch verwenden wir die Fürworte, um die Person der Konjugation zu bestimmen; andere Sprachen vollziehen dies richtiger mit Endungen.

Ich beginne eine Handlung. Sie ist gerichtet auf das *Du*, aber hat das Ziel der Verwandlung des *er – sie – es*, also des Veränderns der Bedingungen. Biologisch gesprochen ist diese Struktur die sprachliche Verkörperung des Selbsterhaltungsinstinktes.

Aber diese Person ist immer eingegliedert in die Folge der Generationen als seelisch sprachliche Struktur der Arterhaltung. Die Familie unterscheidet den Menschen vom Tier. *Wir* bestimmt die eigene Kleingruppe, *ihr* die andere, und *sie* den gemeinsamen Grund, die Zugehörigkeit.

Im Sechseck des Rades hat die Sehne die gleiche Länge wie der Radius. Nur im seelischen Bereich der Kommunikation wird die Mitte des Selbstes angesprochen und das Ich verliert seine Alleinherrschaft.

Der neue Name Gottes

7. Fürwort, hinweisend, bestimmend, unbestimmt, bezüglich, besitzanzeigend, persönlich und fragend.

Das Siebeneck ist nicht aus rechtem Winkel und Zirkel, Raummaß und Zeitmaß konstruierbar. Hier greift das Chaos unmittelbar in die Wirklichkeit der Sprache ein. Jede der Kategorien steht für eine andere Wortart, der deutsche Begriff Fürwort ist besser als der lateinische Pronomen. Das *hinweisende* steht für den Namen, das *bestimmende* für den Begriff, das *unbestimmte* für die Zeitwortarten, das *bezügliche* für die Deklination oder das Verhältniswort, das *besitzanzeigende* für das Eigenschaftswort und das *persönliche* für die Konjugation. Erst in der Frage, *wer oder was*, ist das Fürwort bei sich angekommen; es zeigt eine unbändige Energie, die sich nach Einsatz sehnt. Es leitet über zum Umstandswort, das nur durch vorhergehende Fragen zu klären ist.

8. Umstandswort, Ort, Zeit, Grund, Häufigkeit, Grad, Art und Weise, Beschränkung und Modalität.

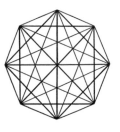

Der Umstand des Satzes offenbart sich auf folgende vorhergehenden Fragen mit Adverbialkonjunktionen: Ort auf die Frage *wo*, Zeit auf *wann*, Grund auf *warum*, Häufigkeit auf die Frage *wie oft* und Weise auf die Frage *wie*, beschränkend auf *wie viel*, Grad auf *wie sehr* und modal auf die Frage *ob*, mit der Antwort vielleicht oder nicht. Die Kategorien des Umstandswortes waren seit jeher die Grundlage der Philosophie. Hier führt der lateinische Name Adverb ebenso irre wie Adjektiv beim Eigenschaftswort. Blau ist kein Attribut eines Mantels, sondern die Qualität einer Farbe, die nichts mit dem Mantel zu tun hat. Ich gehe gerne in den Prater; das Umstandswort des Grades hat keine Beziehung zum Verb, auch nicht als adverbiale Bestimmung. Die Überwindung der falschen logischen Kategorien des Denkens wie der Kausalität, an der noch Kant festhielt, ist erst durch die analytische und mathematische Philosophie geschaffen worden, vor allem durch jene der Naturwissenschaften, welche die vermeintlich ehernen Gesetze des newtonischen Weltbildes durch statistische Beschreibung der Wechselverhältnisse der Konstanten ersetzt hat.

9. Zeitwortformen, *Vergangenheit, Gegenwart, Zukunft; Bedingungs-, Möglichkeits-, Wirklichkeitsform; Passiv, Aktiv, Infinitiv* (hier sind die lateinischen Begriffe klarer als die deutschen). Die Zeitwortformen des Neunecks zeigen deren Eigenmächtigkeit, die Schaffung des Sprachraumes. Ich erreiche nur dann meine wortgewordene Existenz, wenn ich die Gegenwart mit der Vergangenheit vereine, um in die Zukunft zu schreiten durch Kenntnis der Bedingungen, die das Mögliche verwirklichen, entweder aktiv handelnd, passiv erleidend oder unendlich mitschwingend.

Das Dreieck Vergangenheit – Gegenwart – Zukunft ist im Satzbau der Träger der Zeit, worauf die anderen Formen gründen.

Die Raumworte kann ich beliebig einsetzen. Doch im Zeitwort kann ich nur eine Art – sein, haben oder werden –, eine Person und ein Geschlecht, also zwei Kategorien der sechsten Wortart, und eine der drei Formen (etwa Wirklichkeit, Aktiv und Gegenwart) verwenden, um verstanden zu werden. Aus der Permutation dieser Komponenten ergeben sich 27 mögliche Satzstrukturen, doch der Satz selbst hat ein eigenes Gesetz, die Null.

10. Satz, Aussage-, Frage- und Sollsatz.
Der *Aussagesatz* hat als Prädikat immer das Sein, um logifizierbar zu werden. Der *Fragesatz* findet das grammatikalische Subjekt im anderen oder in der Inspiration, und der *Sollsatz* bezieht sich auf den Verkehr mit dem Mitmenschen als Befehlssatz, als Versuch zu überreden oder zu überzeugen.

Damit ist die generische Grammatik vollendet und wir wenden uns jetzt den letzten drei Stufen der Sprachentfaltung zu.

SPRACHERWERB II

Sobald das Kind die Grammatik beherrscht, beginnt der Erwerb des *Wortschatzes*. Um sich in einem fremden Land zurechtzufinden, braucht man siebenhundert Worte; um dort eine Tätigkeit im kommunikativen Handeln auszuführen dreitausend. Ein Gebildeter und Träger einer lokalen Kultur verfügt über zehntausend, und der Sprachschatz eines großen Dichters und Wortschöpfers wie Goethe, Shakespeare oder Tagore beträgt sechzigtausend Worte. In China gilt die gleiche Anzahl für die Beherrschung der Ideogramme.

Worte dienen aber nicht nur der Kommunikation oder der Wahrung der soziokulturellen Tradition; sie sind semiotisch zu verstehen. Unsere Welt, in der Ich und Selbst sich entfalten und zum Wesen vereinen, besteht aus kulturellen Einheiten, die man als Semantik bezeichnet. Es sind Bedeutungseinheiten. Ein Wort wie Generaldirektor oder Rechtswissenschaft schafft eine der Gegebenheiten, zwischen denen sich unser Dasein vollzieht. Alle Gebärden, alle unteren Stufen der Sprachentfaltung, aber auch die Wortarten und Satzformen der Grammatik sind semantisch zu begreifen. Wenn sie nicht klar bestimmt werden, kann man sie nicht kommunikativ verwenden.

Nicht alle Sprachen erreichen diese Ebene und überschreiten die Dialektgrenze. Manche drücken nur Überlebensziele aus, sie werden noch nicht vom Bewußtsein gelenkt.

Man kennt die Grammatik nicht wirklich, wenn man sich nicht in mehreren Sprachen ausdrücken kann. Ebenso kann man die Sprache nicht kommunikativ gebrauchen, solange man seinen Wortschatz nicht als Gegenstand, als Objekt beherrscht in allen vier Aspekten: die Grammatik des Wollens und der reinen Aufmerksamkeit, die Etymologie des Fühlens, die Information des Denkens in Analyse und Synthese und schließlich der Hinweis des Empfindens, Übereinstimmung zwischen Bedeutung und Beobachtung, Wahrnehmung und Gegenstand.

Wir stehen heute im Übergang von den Reichen zur Menschheit. Immer mehr wird englisch zum allgemeinen Wortschatz, da die meisten öffentlich tätigen Menschen es zusätzlich zu ihrer Sprache beherrschen müssen. Daher sind die Arbeiten von Ivan de Hemptine und von Anthony Judge für die Zukunft wichtig. Der erste hat für die Vereinten

Nationen im englischen Sprachschatz demokratisch festgelegt, welche Synonyme zu bevorzugen sind. Der zweite hat in seinem Dictionary of World-Problems and Human Potentiality einerseits aufgelistet, welche Probleme der Öffentlichkeit bewußt geworden sind, andererseits aber auch die Bestrebungen und Institutionen erfaßt, die neue Wege bahnen, wie etwa die Pionierleistung des amerikanischen Human Potential Movement.

So gilt es Askese zu üben: nicht übertragbare und erklärbare Worte stören den Sprachschatz und führen nicht zur Verständigung. Was man nicht erklären kann, das weiß man nicht. So ist der Schwerpunkt des Wortschatzes das wache Empfinden. Erst wenn sich ein Wort hier legitimiert und gleichsam vorgestellt hat, wird echte Kommunikation möglich.

In der Semiotik ist *Kommunikation* die syntaktische Beziehungsvielfalt eines Wortes, also seine Wechselverhältnisse. Zum Beispiel werden Tische, Stühle, Betten und Schränke zu Einrichtungsgegenständen vereint und damit als Beziehung beschreibbar. Doch die wirkliche Kommunikation meint mehr; sie postuliert die seelische Unterscheidung von Ich und Selbst. Was ein Mensch nicht versteht, das kann er nicht mitteilen. So gilt es einerseits über Grammatik und Logik die Leere zu erreichen, indem bloße Meinungen vom verstandenen Wissen getrennt werden, andererseits aber im Sprechen sich nicht Sprachgewohnheiten und Zwängen unterzuordnen, sondern autonom zu bleiben, die Grenze vom Monolog zum Dialog zu überwinden.

Dies ist erst heute in der Wassermannzeit mit ihren Forderungen nach Menschenrechten, Demokratie und Selbstbestimmung möglich. Im Bereich der prophetischen Religionen, die in der Schrift und damit in einer irrationalen Dichtung das Kriterium suchten, blieb dieser Zusammenhang unzugänglich.

So gehören viele Psychotechnologien zum Bereich der semiotischen Syntax, die man früher der Therapie zurechnete wie NLP. Der innere Bereich des Sprachschatzes ist die Wissenschaft, um die sich die Meinungen kristallisieren, allerdings nur Mathematik und Naturwissenschaft; die Human- und Geisteswissenschaften sind zufällig und historisch geprägt, eine Mischung zwischen Wissen und Dichtung.

Der Vielfalt des Sprachschatzes und der Kommunikationsmöglichkeiten liegen bestimmte Konstanten zugrunde, deren Kombinatorik den Reichtum des Daseins bildet. Damit kommen wir zur Welt des Geistes und der *Dichtung*. Wahre Dichtung ist oberhalb der Grammatik, der Kommunikation und des Sprachschatzes. Sie ist freie Kombination der Grundkomponenten der Selbsterfahrung und Welterfahrung.

Geist bedeutet, daß die dichterische Leistung als Ausdruck des Stils eines Menschen mit anderen harmonisch im Ursinn der Liebe in Beziehung tritt. Harmonie ist Zahl als Konsonanz und Dissonanz. Die Zahl vereint Raum und Zeit. Raum ist rechtwinklig, Zeit ist kreisförmig. Daher gilt es die Urbegriffe jenseits aller Wissenschaft herauszuschälen, die eine sprachliche Integration von Wirklichkeit und Möglichkeit eröffnen. Diese bilden die geistige Struktur des Rades als die sieben Komponenten des Gemüts: empfinden, denken, fühlen, wollen, Körper, Seele und Geist, die in der achten und nullten, dem Gewahrsein, durch die Systemik der Zahlen vereint werden.

Sie gilt es im Nacheinander zu integrieren, wie die Sprachentfaltung gezeigt hat.

Aber darüber hinaus gibt es die zwölf Inbegriffspaare. Eine zeitliche Funktion kann sich nur in einem räumlichen Bereich vollziehen. Ich kann im körperlichen Bereich denken, dann erzeugt mein Bewußtsein Geräte und Maschinen. Im seelischen Bereich entstehen Recht und Sitte, Verkehr und Kommunikation. Im geistigen erkenne und bestimme ich Informationen, Wissenschaften und mathematische Zusammenhänge.

Die Bereiche sind zu vereinen, wie wir in der Semiotik gezeigt haben. Die Funktionen sind zu trennen, aus dem assoziativen Bewußtseinsstrom zu lösen, wie es der indische Yoga lehrt.

Damit wird die dritte Stufe der Semiotik, die Pragmatik, zur Sinneserfassung. Betrachten wir nun die sieben Grundbegriffe und die zwölf Inbegriffspaare im einzelnen. Die Grundbegriffe sind senkrecht zu verstehen, die Inbegriffspaare waagrecht. Wir bezeichnen die Grundbegriffe mit arabischen Zahlen, die Inbegriffe mit römischen:

Grundbegriffe	Inbegriffspaare	
0. Gewahrsein	I	Seele-wollen
7. Geist	II	Körper-empfinden
6. Seele	III	Geist-denken
5. Körper	IV	Seele-fühlen
4. wollen	V	Körper-wollen
3. fühlen	VI	Geist-empfinden
2. denken	VII	Seele-denken
1. empfinden	VIII	Körper-fühlen
	IX	Geist-wollen
	X	Seele-empfinden
	XI	Körper-denken
	XII	Geist-fühlen

1. *Empfinden* ist die Welt der Sinne: hören, sehen, tasten, schmecken und riechen. Man nennt sie die Realitätsfunktion, auf die sich alle anderen gründen. Die Sinne sind die Elemente des Bewußtseins. Sie bilden einen Ausschnitt aus einer Skala, bei den Tönen zwischen 16 und 20.000 Hertz, bei den Farben zwischen 3800 und 7600 Angströmeinheiten. Darunter und darüber ist die Welt nicht wahrnehmbar. Wahrscheinlich gibt es Wesen, deren Sinnesfenster anders sind. Die Sinne sind geschieden, sie lassen sich nicht voneinander ableiten. Jeder vermittelt einen anderen Weltabschnitt.

2. *Denken* ist die Welt der Sprache und der Logik. Hier sind die Komponenten die früher geschilderten Sprachstufen. Das Denken vereint die Sinnesdaten im Wort. Seine Unterscheidung beruht auf Lauten und Zeichen, Bedeutung und Sinn.

3. *Fühlen* ist die Welt der Triebe, die traumhaft den Menschen determinieren: Sicherung, Nahrung, Aggression mit Territorial- und hierarchischem Instinkt, oder Reproduktions- und Geschlechtstrieb. Sie überfallen das Bewußtsein von innen und müssen befriedigt werden, um die Ruhe und Heiterkeit des Gemüts zu erreichen.

Der neue Name Gottes

4. *Wollen* ist die Welt der Kräfte, die ich beliebig einsetzen kann. Die Grundenergie ist die Aufmerksamkeit, die aus der schwarzen Sonne der Selbstorganisation gespeist wird. Nur wenn ich leer bin, kann ich die Kräfte wirklich steuern, entscheiden, entschließen und wählen.

5. *Körper* ist ein Gefüge von Komponenten und Beziehungen. Sein Zusammenhang ist systemisch zu begreifen und wird als Ganzes kinästhetisch bewußt. Seine Grundlage ist der Kraftleib des Mikrokosmos. Nur wenn dieser erkannt und angejocht wird, kann der Mensch seinen Entwicklungsweg beginnen, der über das physische Wachstum hinausgeht.

6. *Seele* ist die personale Bezüglichkeit, die sich zwischen den sechs Urbeziehungen entfaltet:

Mutter • • Vater

Schwester • • Bruder

Tochter • • Sohn

Sämtliche menschlichen Beziehungen fallen unter dieses Schema, im intimen, öffentlichen und gesellschaftlichen Leben.

7. *Geist* erfaßt die Bedeutung und erkennt die Chiffren der Welt. Er ist makrokosmisch gesteuert, umfaßt das All, so weit Wahrnehmung und Imagination reichen, heute also bis ans Ende unseres Universums. Doch nur wenn der Geist substantiell verstanden wird als unsere Heimat, in die wir hineinwachsen, hat der Mensch an der siebten Sphäre teil.

0. *Gewahrsein* erfaßt die Welt der Zahlen, der Arithmetik und Geometrie. Seine Struktur und Systemik ist das ganze Rad: räumlich mit den acht Richtungen, zeitlich mit den zwölf Tierkreisabschnitten. In der Zeit ist der Punkt des Gewahrseins, die Null, Beginn und Ende des Tierkreises. Er wird durch die zwölf Inbegriffspaare bestimmt:

I.   Seele-wollen ist das Feld der Person im Widder.
II.   Körper-empfinden zeigt die Einstellung zum Lebensunterhalt und Besitz im Stier.

III. Geist-denken ist die Welt der Information und der Beziehungen in den Zwillingen.

IV. Seele-fühlen zeigt das Verhältnis zu Familie und Heim im Krebs.

V. Körper-wollen ist das Feld der Meisterung und der Pädagogik im Löwen.

VI. Geist-empfinden zeigt die Einstellung zur Arbeit in der Jungfrau.

VII. Seele-denken bestimmt die Gemeinschaft in der Waage.

VIII. Körper-fühlen zeigt die Einstellung zum Tod im Skorpion.

IX. Geist-wollen eröffnet die Aufgabe im Schützen, der auf das Zentrum der Milchstraße zielt.

X. Seele-empfinden verdeutlicht den Beruf im Steinbock.

XI. Körper-denken bedeutet Freundschaft und Zivilisation im Wassermann.

XII. Geist-fühlen betrifft Heilung und Einsamkeit in den Fischen.

Der Tierkreis ist die Matrix der persönlichen und menschheitlichen Entfaltung. Man wächst hinein, und alle Handlungen finden ihren Platz im entsprechenden Weltfeld.

Wie nun das Rad als Karte des Gewahrseins und damit der Befreiung verwendet werden kann, sollen die folgenden fünf Kapitel zeigen.

Der neue Name Gottes

IV.

Kosmogonie

1. Die Töne

In der Sprache sind Raum und Zeit abstrakte Kategorien des Miteinander und Nacheinander, der Ruhe und Bewegung. Doch die Wirklichkeit, in der wir leben, wird durch zwei Sinne vermittelt: das Auge schafft den Raum, das Ohr die Zeit.

Das Auge unterscheidet zwischen Fokus und peripherer Vision. Es ist gleichzeitig über die gegensätzliche Großhirnhemisphäre auf eine Einzelheit gerichtet und der peripheren ganzheitlichen Schau fähig.

So ist der Raum sowohl endlich (als perspektivischer Fokus), wie unendlich (in der peripheren Vision). Der Fokus ist das Etwas des Sehens, die Eins, worauf die Aufmerksamkeit gerichtet ist; das periphere Sehen ist das Nichts der Unendlichkeit als Null.

Beim Ohr ist der einzelne Ton das Etwas, und das Nichts ist das Intervall, das zwei Töne miteinander verbindet.

In der Sprache wird die Welt seelisch vergegenwärtigt, der verstandene Satz wird zum Wissen, das der Erinnerung zur Verfügung steht. Bei Auge und Ohr wird durch die Empfindung der Sinn der Wirklichkeit erfahren. Hier sind die Zahlen nicht nur Wortarten wie in der Grammatik, sondern unterscheidbare Elemente von Materie und Energie.

Unsere Wirklichkeit ist sinnlich. Der Rationalismus der Aufklärung hatte seit Galilei und Locke nur Zahl, Raum und Zeit als primäre Qualitäten verstanden und die Sinneserfahrung als subjektive Illusion erklärt. Tatsächlich ist aber unsere Welt ein Sinnesfenster des elektromagnetischen Kontinuums. Nur durch dieses können wir sie erfahren und auch gestalten.

Wir betrachteten bisher das Rad als Vision und Offenbarung. Mittels der mathematischen Struktur der Sinne können wir es konstruieren und damit das Gewahrsein zum Ort der Kreativität erheben. Die Fernsinne sind allbezogen. Mit dem Auge erschaffe und erfasse ich geometrisch den Raum durch Form und Farbe, mit dem Ohr arithmetisch die Zeit. Töne bedeuten regelmäßige Schwingungen zwischen den beiden Schwellen der Hörbarkeit, 16 und 20.000 Hertz. Mit dem Auge erfahre ich eine Oktave der Lichtschwingung zwischen 3.800 und 7.600 Angströmeinheiten. Mit den Körpersinnen erfasse ich die drei Zustände der Materie zwischen dem absoluten Kältepunkt von -273 Grad Celsius und dem noch nicht bestimmten Hitzepunkt, wo alle Materie in Energie übergeht; mit dem Riechen den gasförmigen Zustand, mit dem Schmecken den flüssigen und mit dem Tasten den festen.

Nicht nur in der Sprache, auch in der Wahrnehmung des Empfindens ist Quantität gleich Qualität. Heute gilt philosophisch die Mathematik als eine Norm- oder Idealwissenschaft. In Wirklichkeit ist sie überhaupt keine Wissenschaft sondern Weisheit. Das falsche Ichbild entsteht, wenn man die Bedeutung dem Sinn überordnet, also die Sprache über die Mathematik stellt. Letztere schafft und konstelliert das Subjekt. Schon Pythagoras erkannte, daß sie als Weisheit nicht beliebig konstruierbar ist, sondern auf jene Komponenten beschränkt werden muß, die wahrnehmbar sind.

So ist das Weisheitswissen keine Abstraktion sondern unmittelbares Innewerden. Alles was für uns Wirklichkeit bedeutet, ist eine sinnliche Gegebenheit, und das nicht nur bei Tag, sondern auch in der Nacht: Töne sind ebenso über die Ohren hörbar wie in der Vorstellung konstruierbar und im Traum erfahrbar. So umfassen die Sinne Diesseits und Jenseits als eine Welt, deren Struktur und Entstehung durch das Zahlenkreuz im Rad erkennbar wird. Sein Entdecker, Pythagoras, bezeichnete es als Chi. Den oberen Teil, das Multiplikationsfeld nannte er Gamma, den unteren als Erzeuger der Töne und der harmonisch geometrischen Verhältnisse Lambdoma.

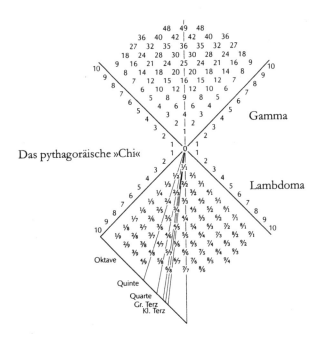

Das pythagoräische »Chi«

Gamma

Lambdoma

Oktave

Quinte

Quarte

Gr. Terz

Kl. Terz

Wie gelangte Pythagoras zu dieser Figur? Eine Legende des Jamblichos gibt uns darüber Auskunft: Eines Tages ging Pythagoras an einer Schmiede vorbei und hörte, daß die Hämmer beim Aufschlag verschiedene Töne erklingen ließen. Er stellte bei weiterer Nachprüfung fest, daß die Tonhöhe von geometrischen Maßen und von Gewichten abhängig ist, daß also das Ohr unmittelbar quantitative Beziehungen wahrnehmen kann. So kam er zur Erkenntnis der Gesetze der Tonzahlen, aus denen er dann die Mathematik entwickelte. Die Welt der Töne weist eine begrenzte Anzahl von Verhältnissen zueinander auf: die Intervalle der Oktave, Quinte, Quarte, Großen Terz, Kleinen Terz und Großen Sekund.

Ein Ton aber ist nicht eine Zahl, sondern stellt mit seinen Obertönen – die seine Klangfarbe bestimmen – eine Zahlenreihe dar. Diese entsteht durch die Schwingung eines regelmäßigen Körpers wie einer Saite; zusätzlich zur ersten Schwingung 1 entstehen in der Folge Sekundärschwingungen, die die Saite geometrisch in immer kleinere Abstände gliedern.

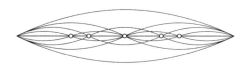

Die ganze Saite schwingt der Breite nach. Die sekundären Schwingungen, später Obertöne genannt, schwingen den Enden zu und kehren zurück, wobei die „*Bäuche*" erklingen: die ganze Saite einmal, die halbe Saite erklingt zweimal, die Drittel der Saite dreimal, die Viertel viermal und so fort. Hieraus folgt – auch ohne Kenntnis der Schwingungsgesetze, die sich wahrscheinlich zu seiner Zeit noch nicht beobachten ließen –, daß Maß und Schwingung in reziprokem Verhältnis stehen, wobei die Schwingungen folgenden Tonwerten entsprechen:

Maß	1/1	1/2	2/3	3/4	4/5	5/6	6/7	7/8	8/9	9/10
Tonwert	c	c	g	c	e	g	X	c	d	e
Schwingung	1/1	2/1	3/2	4/3	5/4	6/5	7/6	8/7	9/8	10/9

Betrachten wir ihre Wechselverhältnisse im einzelnen:

10	9	8	7	6	5	4	3	2	1	2	3	4	5	6	7	8	9	10
as	b	c	d	f	as	c	f	c	c̲	c	g	c	e	g	b	c	d	e

Die Töne sind zeitlich, die Intervalle räumlich, die Tonwerte raumzeitlich. Folgende Intervalle entstehen:

zwischen 1 und 2 ist die Oktave,
zwischen 2 und 3 die Quinte,
zwischen 3 und 4 die Quarte,
zwischen 4 und 5 die große Terz,
zwischen 5 und 6 die kleine Terz,
zwischen 6 und 7 die übermäßige Septime,
zwischen 7 und 8 die verringerte Septime,
zwischen 8 und 9 die große Sekund,
zwischen 9 und 10 auch die große Sekund.

Der neue Name Gottes

10/ 9 und 9/8 werden als das gleiche Intervall vernommen. Damit zeigt sich auch in der Tonwelt die Begrenzung der Ziffern auf 9. Das 9. Intervall gilt als Ganztonschritt, während die weiteren als Akkorde betrachtet werden.

Betrachten wir die Erzeugung des Tones von der Saite her:

Die ganze Saite schwingt im Zeugerton c, die beiden Hälften in der Oktave c, die drei Drittel als g, die vier Viertel als c, die fünf Fünftel als e, die sechs Sechstel als g, die sieben Siebtel als b, die acht Achtel als c, und die neun Neuntel als d.

Verlängert man die Saite auf die doppelte Länge, so kann man die Gegenform der Untertöne darstellen. Die Obertöne erklingen nacheinander in allen Körpern, die sich der ersten Dimension annähern; die Untertöne erklingen gleichzeitig in zweidimensionalen Flächen und dreidimensionalen Volumen, nicht nacheinander sondern zusammen. So können wir die Untertöne als Vergangenheit, als Erinnerung betrachten, die Obertöne als Wege in die Zukunft.

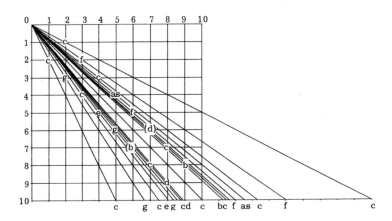

2. Dimensionen und Zahlenarten

Die pythagoräischen Dimensionen im Unterschied zu den euklidischen stehen im Verhältnis von Unendlich zu Eins. Sie gliedern sich nach Raum- und Zeitdimensionen, nach Zahlenart und Rechnungsart. Dank ihrer können wir die Entstehung des Rades aus dem Nullpunkt begreifen und nachvollziehen. Wir betrachten erst die Raumdimensionen und danach die Zeitdimensionen.

Raum:

1. Eine unendliche Anzahl gedachter Punkte wird durch die endliche Gerade umfaßt.
2. Eine unendliche Anzahl von Geraden ist in der quadratischen Fläche enthalten.
3. Eine unendliche Anzahl von Flächen ist in einem endlichen Kubus enthalten.
4. Eine unendliche Anzahl von Kuben, von Körpern ist im endlichen Raum des Alls enthalten. Hier ist die Unendlichkeit senkrecht, vom unendlich Kleinen zum unendlich Großen.

Die Gerade ist ein Lot, die Fläche hat zwei Lote, das Volumen vier und der Raum acht; der Hyperkubus ist durch acht Gerade aus seiner Mitte diagonal mit dem All in Resonanz.

Zeit:

0. Die nullte Dimension ist der Augenblick. Sie wird vom Subjekt als nullhafter Punkt erlebt. Als Nichtdimension ist er die Grenze zwischen Vergangenheit und Zukunft. Phänomenologisch ist der Zeitpunkt ein Nichts, aber existentiell das Subjekt, das Ich, welches Teil des Großen Ich ist.
1. Die erste Zeitdimension ist aus räumlicher Sicht die Kurve, die der Punkt des Gewahrseins in der Zeit schafft. Als Gegenpol der Geraden gehört sie zur ersten Dimension, doch als Zeitqualität ist sie die Zukunft, das Nochnicht, das zum Jetzt wird.
2. Die zweite Dimension der Zeit ist die Gegenwart. Zwei Körper kreisen umeinander, gemäß der Relativitätstheorie deren einzige mögliche Beschreibung.

3. Die dritte Dimension aus räumlicher Sicht ist die Kugel, die dadurch entsteht, daß die Scheibe des Umlaufs sich um eine Achse dreht. Es ist die Dimension der Vergangenheit. Sie ist unterbewußt, kann aber vergegenwärtigt werden.

Die Zeit kennt keine vierte Dimension. Doch die Kreisbewegung verläßt nach Ausfüllen des Volumens der Kugel diesen Körper und erzeugt die Wellen im Kontinuum.

Die nullte Dimension hat einen Punkt, die erste zwei, die zweite drei, die dritte vier und die vierte fünf Punkte. Mit der vierten Dimension ist die Aktualität erreicht, die ihren Ursprung in der Potentialität der nullten hat. Nur Potentialität und Aktualität, Subjekt oder Wirkweise bestehen. Die Dimensionen von eins bis drei sind Abstraktionen, die aber die Kraftlinien von Körpern lenken, so wie die in Wirklichkeit dreidimensionale Saite den Gesetzen der ersten Dimension gehorcht. Betrachten wir nun die Schritte von null bis vier in den Zahlenarten und Rechnungsarten:

0	1	Punkt	natürliche Zahlen
1	2	Punkte	ganze Zahlen
2	3	Punkte	rationale Zahlen
3	4	Punkte	reelle Zahlen
4	5	Punkte	komplexe Zahlen

Aus den Rechnungsarten ergeben sich die Funktionen und Bereiche. Ihr Ursprung ist das Gewahrsein, der Nullpunkt des Zahlenkreuzes.

Die *natürlichen Zahlen* sind die Ziffern von 1 bis 9, sie entstehen durch *zählen*, durch aussprechen. Sie haben keine Ausdehnung, sondern tauchen punkthaft auf. Man kann sie besser verstehen, wenn man z. B. 3 als Dreifältigkeit betrachtet: Alles was drei Bestandteile zählt, gehört zur natürlichen Zahl 3.

Die *ganzen Zahlen* entstehen in der ersten Dimension, nach links durch *Addition* und nach rechts durch *Subtraktion*. Sie bilden aus den Punkten die Gerade, wobei die 0 die Mitte zwischen positiv und negativ bestimmt. Diese ist auch das Urbild der Obertöne und Untertöne der Tonskala. Addition wird zur Grundlage des Empfindens – alle Empfindungsdaten sind additiv und auf einer Strecke zwischen zwei Grenzen anzuordnen. Die Subtraktion ist die Grundlage des Geistes. Geist geht in die Zukunft, verlangt also die Frage. In allen Traditionen wird Geist als Weg betrachtet.

Die *rationalen Zahlen* entstehen aus der Gleichung. Die Division geht vom Bestehenden aus, die Multiplikation schafft etwas Neues, sie ist im negativen Feld. Division, urteilen, ist die Grundlage des Denkens; Multiplikation, Synergie, Grundlage der Seele. Hier entstehen die Vielfachen und Brüche, die im Chi, im Rahmen des Umkreises 10, die Schöpfungsprinzipien bestimmen.

Die *reellen Zahlen* verbinden über die *Proportion* Brüche gleicher Wertigkeit. Da wo die Diagonalen, also Wurzelzahlen, eine senkrechte Strecke schneiden, entstehen die entsprechenden Teilungen geometrisch als Abschnitte. Dies zeigt sich auch bei den Tonzahlen: Wird die Saite aufs Doppelte verlängert wie im Rad, haben wir rechts vom Mittelpunkt die Brüche, die größer als 1 sind, die Untertöne (siehe Darstellung). Wie alle Schwingungen sind die Töne mathematisch nur als *komplexe Zahlen* darstellbar.

Dagegen entstehen im Multiplikationsfeld die Funktionen, welche die Produkte mit 0 zurückverbinden. Sie bilden die Grundlage der Körper. So zeigen sie auch die diskontinuierliche Struktur jedweden Atoms: Um den aus Protonen und Neutronen gebildeten Kern lagern sich die Elektronenschalen. Ihr Abstand folgt der mittleren Diagonale $1 - 4 - 9 - 16 - 25 - 36 - 49$.

Sie liegt der Einserdiagonale, dem Zeugerton, gegenüber. Die zweite Diagonale zeigt die Kapazität der Schalen, Elektronenbahnen aufzunehmen: $2 - 8 - 18 - 32$. Auch die anderen Diagonalen zeigen atomare Zeugungsprinzipien. So bestimmt das Gamma die Erzeugung der diskontinuierlichen Körper, das Lambdoma die Erzeugung der kontinuierlichen.

Der neue Name Gottes

Dimensionskreis

Umlauf
Multiplikation
Seele
−2

Bahn
Subtraktion
Geist
−1

Drehung
Funktion
Körper
−3

ZEIT
YANG

Augenblick
Zahl
Gewahrsein
0

ganz natürlich
rational
komplex reell

Hyperkubus
Resonanz
wollen
4

YIN
RAUM

empfinden
Addition
Gerade
1

fühlen
Proportion
Volumen
3

2
denken
Division
Fläche

Die vierte Dimension ist das energetische Kontinuum des Raumes. Dessen geometrischer Ausdruck ist der Hyperkubus, der über acht Richtungen aus der Mitte mit den Körpern des Alls in Beziehung steht. Die Diagonalen, die durch die Mitte des Kubus laufen, haben im Verhältnis zu den Kanten die Länge Wurzel aus drei. Wurzel aus 3 hoch 4 ist 9: so zeigt sich auch in der vierten Dimension die Mitte als neun.

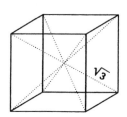

Diese Diagonalen sind die Erzeugungsprinzipien der Wirklichkeit aus dem Chaos. Vier Attraktoren steuern das Zusammenwirken unseres Kosmos: punkthafter Attraktor, Grenzzyklus, Torus und seltsamer Attraktor.[*]

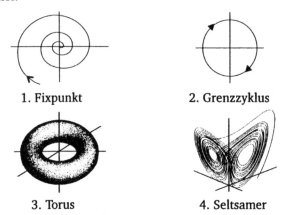

1. Fixpunkt   2. Grenzzyklus

3. Torus   4. Seltsamer

Der punkthafte Attraktor (1) strebt wie die Entropie oder die Schwerkraft nach einem Ruhepunkt; der Grenzzyklus (2) nach einer regelmäßigen Bahn, der Torus (3) nach dem spiralhaften Zusammenwirken der Abläufe, und der seltsame Attraktor (4) ist die Brücke zwischen Jenseits und Diesseits, Chaos und Kosmos, Möglichkeit und Wirklichkeit.

Der seltsame Attraktor entspricht dem Wollen und dem Gewahrsein, der Selbstorganisation als Grundprinzip des Lebens. Der zielgerichtete Fixpunktattraktor der Energie, des Fühlens und des Geistes, kennzeichnet das Streben nach Sättigung. Der geschlossene Grenzzyklus im Urbild der Gleichung ist Grundlage des Bewußtseins bei Seele und Denken, und der Torusattraktor entspricht dem Empfinden und dem Körper und damit der Materie.

[*] Als Attraktoren bezeichnet man in der Chaostheorie die vier möglichen Dynamiken, denen ein System unterliegen kann. Spirale, Kreis, Torus und fraktale Figuren, wie etwa die des berühmten Lorentz-Attraktors, sind deren Phasenportraits auf topologischer Basis.

Der neue Name Gottes

Ebenfalls aus vier Komponenten bildet sich fraktal durch Kombinatorik aus den vier Nukleotiden – Adenin, Cytosin, Guanin und Thymin – die mannigfaltige Erscheinungswelt nach dem Gesetz der Kombinatorik.

Fraktal bedeutet Skaleninvarianz. Die Einheit der Identität wiederholt sich auf höheren Ebenen, wie Mandelbrot gezeigt hat. Aber die Matrix der Vollendung, der endgültigen Fraktalität des Menschenbildes, wird formal durch die Beziehung der Intervalle zueinander dargestellt, deren Gesetz der temperierte Quintenzirkel ist.

3. Die Farben

Die Zahlen der vierten Dimension sind Tonzahlen und Lichtzahlen. Die Sonne ist strahlendes Licht, das das Dunkel erhellt. Zwischen Licht und Dunkel entstehen die Farben, die sich am Modell der Erdkugel veranschaulichen lassen. Der Nordpol sei weiß, der Südpol schwarz. Auf der Oberfläche sind die klaren Farben, nach innen zu werden sie trüb. Die Grauachse verbindet den weißen Nordpol mit dem schwarzen Südpol, die Mitte ist silbergrau. Am Äquator liegen die Farben gleicher Helligkeit. Doch die Regenbogenfarben größter Intensität sind zum Äquator um dreiundzwanzig Grad geneigt, gleich der Ekliptik.

Farben zeigen den Gegensatz von Licht und Materie. Im Farbkreis gegenüberliegende Lichtfarben ergeben Weiß, alle Pigmentfarben lassen sich durch die Mischung von rot, blau und gelb erzielen. Das Sehen schließlich erfolgt durch die Sinneszellen des Auges: grün und rot, blau und goldgelb, schwarz und weiß, wie sie das Rad zeigt. Somit ist das Gesetz der Farbe: zwei als Opposition, vier als Sehfähigkeit und drei als Gestaltungsfähigkeit. Das Purpur fehlt im Regenbogen, im Purpurkörper des Auges ist es die Grundlage des Farbensehens.

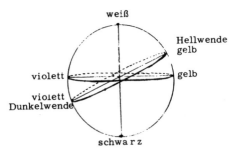

Lichtzahlen und Tonzahlen sind der Sinn und das Feld der vierten Dimension. Das Gesetz der Sinne ist das Gesetz des Sinnes: dieser bestimmt das Gewahrsein, nicht das Bewußtsein. Für das analytische euklidische Denken bleiben die vorher geschilderten Zusammenhänge ein Kauderwelsch; für den einfachen sinnlichen Menschen sind sie die offensichtliche Wahrheit; die Evidenz, die nicht nur in die Augen springt, sondern auch die Vernunft befriedigt.

Der Regenbogen ist siebenfältig. Senkrecht entspricht er den Schwerpunkten der Chakras, wie wir in der Folge noch sehen werden.

4. Der Kosmos

Das Rad ist sinnlich sinnhaft. Die Gesetze des Ohres sind im Tonkreis zu verstehen die des Auges im Farbkreis. Auf der rationalen Fläche des Rades lassen sich alle Gesetze des Gewahrseins verstehen und begreifen. Dieses Schema bestimmt aber nicht nur das Gewahrsein, sondern läßt uns auch die Kosmogonie, die Entstehung der Welt erkennen.

Für das Gewahrsein entsprechen die Naturreiche Bewußtseinsschichten. Durch ihre Bestimmung können wir die Materie verstehen. Folgende Entsprechungen bilden sich:

4	Mineral	Schlaf
3	Pflanze	Traum
2	Tier	Vorstellung
1	Mensch	Wachen
0	Gott	Gewahrsein

Der neue Name Gottes

In der vierten Dimension ist das Bewußtsein im Schlaf. Die Fähigkeit der Energieaufnahme ist unbegrenzt; sie verlangt die Öffnung im Wollen, die Anjochung der Aufmerksamkeit an die schwarze Sonne oder die Erdmitte.

Im biblischen Mythos war zu Anfang ein Garten der Harmonie, nach dem Umweg über die Erde jedoch wird es eine Stadt aus Juwelen sein, wo Tiere, Pflanzen und Edelsteine in eine neue Daseinsebene hineinverwoben sind. Das menschliche Bewußtsein hat seinen Grund in der Ewigkeit, der nullten Dimension des Gewahrseins. Daher braucht es die Rückbindung an Ursprung und Ziel, an den Sinn. Das Paradies liegt hinter uns und vor uns. Weltgeschichte ist Heilsgeschichte; wird dies anerkannt, so findet man immer wieder zum Sinn.

Wesentlich an der Heilsgeschichte war bisher – und ist es noch in vielen Traditionen –, daß irgendein Mythos, eine gestalthafte Erzählung, die tatsächliche Geschichte vertritt. Wurde ein Angehöriger der Navahos krank, dann fand er seine Heilung, wenn er sein Drama im Mythos orten konnte. Dadurch wurde sein Leben nach Vergangenheit und Zukunft offen, und beide schließen sich zusammen im ewigen Augenblick der Freude.

Dank des Rades, das lückenlos aus den Zahlen abzuleiten ist, können wir die Kosmogonie aus der mythischen Beziehung in die Wahrheit des Gewahrseins überführen. Der Weg hierzu sind die Dimensionen im Mikrokosmos, Makrokosmos und Mesokosmos zwischen Emanation und Evolution, wobei die Zahlenarten den formalen Erkenntnisgrund bilden. Wir beschreiben den Ablauf zuerst naturwissenschaftlich-mathematisch, dann biologisch-physiologisch und schließlich von der Entfaltung des Bewußtseins durch die Naturreiche bis zum Gewahrsein Gottes, also der Rückkehr zum Paradies.

Physikalisch wird die Schöpfung als Urknall bezeichnet. Die ursprüngliche Einheit tritt von der Potentialität in die Aktualität, von der Möglichkeit in die Wirklichkeit. Es entstehen zwei gegensätzliche Welten, der Mikrokosmos und der Makrokosmos. Beide entwickeln sich in der Emanation.

Außerhalb von Raum und Zeit erfassen wir die pulsierende Expansion und Kontraktion des Makrokosmos, aus welcher die Zeit geboren wird, sowie die Emanation des Mikrokosmos. Ihr Ursprung ist das

Wirkungsquant, eine physikalische Konstante, die von Planck 1900 als Grundzahl des Universums entdeckt wurde. Das Wirkungsquant ist kein Energiepaket sondern eine Subjekthaftigkeit. In der Sprache der Mystik von Meister Eckehart ist es das Wesensfünklein, das zuerst in die Materie der Erde absteigen muß, bis es zur Umkehr fähig wird. So scheint die Emanation ein Fall: Die Vision des Paradieses ist in weite Ferne gerückt, außerhalb von Raum und Zeit, und daher für das Bewußtsein unzugänglich.

Mathematisch läßt sich erweisen, daß der Urknall überall und nirgends gewesen sein muß, denn es gab ja keinen Raum und keine Zeit. Minimum und Maximum, in der Sprache von Cusanus, waren identisch; in einer unendlichen Welt ist die Mitte überall.

Beide Emanationen verlaufen von der Freiheit Gottes zur Bedingtheit des Minerals und der Materie. Im Mikrokosmos verringert sich die elektromagnetische Energie, im Makrokosmos vermehrt sich die gravitationelle Abhängigkeit.

Im Gewahrsein sind Minimum und Maximum, Wirkungsquant und Ausdehnung identisch. In der nullten Dimension gibt es Raum und Zeit noch nicht. Doch wenn sie entstehen, dann erschafft das Unerschöpfliche auch den Weg zurück als Bereicherung des Göttlichen: es wird von *Weniger* zu *Mehr*.

Das *Quant* hat unendliche Energie und keine Masse. Es ist überall in der nullten Dimension und hat den Zusammenhang mit dem Göttlichen nie verloren.

MIKROKOSMOS	MESOKOSMOS	MAKROKOSMOS
Energie	Information	Masse
Raum	Zahl	Zeit
0. Quant	Gott	All
1. Photon	Mensch	Galaxis
2. Elektron	Tier	Sonne
3. Atom	Pflanze	Erde
4. Molekül	Mineral	Mond

Selbstorganisation

Die nullte Dimension als Minimum und Maximum ist die Sphäre des Göttlichen. Sie ist gleichzeitig transzendent und immanent. Auf dem Weg der Weisheit ist sie nicht unerkennbar, sondern als Ort des Gewahrseins zugänglich.

Das *Photon* unterliegt der Lichtgeschwindigkeit. Es hat keine Masse und schafft den Raum unserer Erfahrung im Rahmen der Lichtgeschwindigkeit.

Elektronen entstehen paarweise, als Materie und Antimaterie mit gegensätzlicher Ladung.

Das *Atom* ist dreidimensional. Es hat vier Aspekte der Energie: Strahlung, Wärme, chemische Verbindungsfähigkeit und potentielle Energie.

Das *Molekül* des Minerals hat drei Zustände: Salz, Metall und Kristall. Mit dem Molekül ist die Emanation des Mikrokosmos abgeschlossen. Im Makrokosmos dehnt sich das All aus, solange die Expansionskraft stärker ist als die Gravitation. Sie ist die schwächste Kraft, doch ist ihre Steigerung geometrisch.

Wenn die Masse des Universums einen bestimmten Wert übersteigt, wird es zu einer Kontraktion kommen.

1. Durch Dichtefluktuationen bilden sich galaktische Inseln. Sie unterliegen nicht der Ausdehnung, sondern bleiben konstant und kreisen um ein schwarzes Loch.
2. In einem Arm der Milchstraße entsteht unsere Sonne mit ihren Planeten. Diese kreisen im Unterschied zu den Elektronen des Atoms flächig um die Sonne im Tierkreis.
3. Die Erde dreht sich sowohl um ihre Achse als auch um die Sonne.
4. Der Mond schließlich dreht sich um die Erde. Doch wechselt sein Licht zwischen Vollmond und Neumond und seine Schwerkraftwirkung ist für die Entfaltung des Lebens zwischen den vier Elementen Feuer, Erde, Wasser, Luft verantwortlich. Der Mond hat keine Eigendrehung; er kehrt der Erde immer das gleiche Gesicht zu.

So ist das letzte System oder die vierte Dimension die Wirklichkeit des Lebens, das sich aus dem Zusammenhang von Mond, Erde und Sonne in einer Breite von zwölf Kilometern entfaltet, sechs oberhalb und sechs unterhalb des Meeresspiegels. Nur bei der mittleren Temperatur von

18 Grad gibt es die drei Aggregatzustände fest, flüssig und gasförmig, die über das Feuer ineinander übergehen. Die meisten Himmelskörper haben keine feste Materie, sie sind im Plasmazustand.

Das Planetensystem der Sonne ist nicht in Resonanz, wie Kepler fälschlich glaubte. Die Zahlen der Abstände sind irrational, reelle Vektoren, sonst könnten sie ihren Ort im System nicht wahren. Die kosmogonischen Schichten werden durch die vier Attraktoren des Chaos erzeugt und aufrechterhalten – sie entstammen der Kraft der Selbstorganisation, dem Chi.

Für das Erleben und das Verständnis der Evolution bezeichnen wir den Mikrokosmos als Urkraft, weil nur sein Kraftaspekt bewußt ist, und den Makrokosmos als Urlicht, weil man nur die Sterne als Lichtpunkte wahrnimmt.

5. Die Evolution

Mikrokosmos schafft den Raum, Makrokosmos die Zeit. Zwischen beiden ist die Zahl. Sie findet ihre Verwirklichung im Mesokosmos der Evolution, dessen Richtung von unten nach oben, von der vierten zur nullten Dimension verläuft. Information ist weder Kraft noch Masse. Nur in ihrem Bereich, dem Mesokosmos, findet die Kosmisierung unserer Welt statt. Doch die Evolution gründet auf dem bereits gewordenen Kosmos.

Die Evolution vollzieht sich über fünf Stufen: Mineral, Pflanze, Tier, Mensch und Gott. In jeder der Schichten wird eine der möglichen Symmetrieachsen des Raumes aufgegeben, bis wir in der nullten bei der Großen Singularität Gottes angelangt sind.

Das *Mineral* als Kristall ist vollständig symmetrisch. Niemand kann bestimmen, wo oben und unten, rechts und links, hinten und vorn sich befinden.

Die *Pflanze* verliert eine Symmetrieachse; oben und unten sind verschieden, beim Baum Krone und Wurzel. Hinten und vorne, rechts und links sind nicht zu unterscheiden.

Beim *Tier* sind außer oben und unten auch vorne und hinten verschieden; vorne ist die Nahrungsaufnahme, hinten die Ausscheidung.

Beim *Menschen* werden zusätzlich rechts und links unterschieden: durch die linke Großhirnhemisphäre wird das Wachen erlebt, durch die rechte der Traum, links die Zeit und rechts der Raum. In der nullten Dimension, die nur zur Zeit, nicht mehr zum Raum gehört, ist *Gott* die Große Singularität. Er ist reines Subjekt, momenthaftes Gewahrsein, ewige Dauer und Synchronizität. Die darwinsche Evolutionstheorie ist metaphysisch falsch. Sie überträgt animalische Strategien auf die Welt. Das Überleben der Tüchtigsten und die natürliche Selektion mögen als heuristische Beschreibung im Gegensatz zum kirchlichen Glauben von der Unveränderlichkeit der Arten nützlich gewesen sein; sie entsprechen aber nicht der mathematischen Logik des Rades. Nur wenn wir den Sinn der Welt als Aufstieg des Sinneswesens vom Mineral zu Gott, als Gegenbewegung zur Emanation der bereits von Gott geschaffenen Schöpfung begreifen, können wir das Gewahrsein, die ganzheitliche Einstimmung erreichen. Betrachten wir nun die Schichten einzeln.

Das Mineral kann sich in den drei Zuständen fest, flüssig und gasförmig befinden. Sie lassen sich durch das Feuer ineinander verwandeln. Ihre unterste Grenze ist der absolute Nullpunkt, -273 Grad Celsius. Die oberste Grenze im Plasmazustand ist der Hitzepunkt. Hier geht die Materie in Energie über.

Nicht die Wissenschaft oder die Naturgesetze liegen der Welt zugrunde, sondern die Singularität Gottes ist Ursprung und Ziel der Evolution. Doch das Kleid der Gottheit ist sinnlich. Die Materie wird über die Körpersinne erfahren: tasten für fest, schmecken für flüssig und riechen für gasförmig. Das verwandelnde Feuer erleben wir durch den Lichtsinn des Auges, und die Urkraft durch den Schweresinn·des Ohres, das Gleichgewichtszentrum.

Auge und Ohr stehen senkrecht zueinander; ihre Mitte bildet die Stimme als Ausdruck des Subjekts. Bei den Sinnen ist die Unterscheidung von Qualitäten – Tonwerte, Farben, Geschmäcker, Gerüche, Härte usw. – letzte unmittelbare Gegebenheit. In der Sprache können wir die Zahl als vereinigendes Symbol aller Schichten und Qualitäten nehmen, wobei sie ebenfalls Urqualität ist; die neun heiligen Zahlen sind kabbalistisch und metaphysisch die einzigen wahren Namen des nullhaften lebendigen Gottes. Diese Namen finden wir auch in der Materie in der Mitte des Hyperkubus, Wurzel aus 3 hoch 4 ist 9. Wohl deswegen hat der Islam die Kaaba auf den geographischen Ostpunkt der Erde am 10. Längengrad gesetzt. Heilsgeschichte und profane Geschichte sind metaphysisch Teil der Evolution, da Traum und Wachen zwei Aspekte einer einzigen Welt offenbaren. Zunächst wollen wir uns mit der materiellen Schichtung der Information beschäftigen.

6. Die Information

Was ist Information im Verhältnis zu Masse und Energie? Der französische Biologe Laborit erklärte bei einem Seminar in Athen den Zusammenhang folgendermaßen: Sende ich ein Telegramm aus Athen mit den Worten, „Ankomme morgen Orly 17. 30 Uhr", dann werde ich abgeholt. Sende ich aber die Buchstaben in zufälliger Anordnung, dann ist die Masse die gleiche, die Energie die gleiche, aber ich werde nicht abgeholt – ein Unterschied, der sich physikalisch nicht messen läßt. Information ist also weder Masse noch Energie, sondern beruht auf der Zahl.

Die Zahlen werden in der vierten Dimension zu raumzeitlichen Sinnesdaten. Jedes Datum ist eine Zahl, auch jede physikalische Konstante. Für unsere Erde hat die plancksche Konstante einen komplexen Wert: $6{,}624$ mal 10^{-27}. Für das Universum ist es die Zahl 1, und 0 bedeutet den Augenblick der Verzeitlichung des Raumes, wo die Sinneserfahrung zum Sinn in Raum und Zeit werden kann.

Information bedeutet die binarische Entscheidung von Ja und Nein, Null und Eins. Diese Entscheidung als Quant der Information, das Bit, führt zu immer weiteren Verzweigungen, dem porphyrischen Baum. Das Wesensfünklein vermag durch Emanation von Gott über Photon (Licht), Elektron (Spannung) und Atom (Energieaufnahme) im Molekül zu der Möglichkeit führen, ein sprachliches Wesen in der Wirklichkeit zu schaffen.

Metall ist leitend, Nichtmetall isolierend, Kristall ist wachsend. Hängt man einen Faden in eine Mutterlauge und läßt diese verdunsten, so bilden sich alsbald kristalline Formen nach sechs möglichen Strukturen. So ist der Kristall negentropisch, verwendet die Moleküle der Lauge, um seinen Körper aufzubauen.

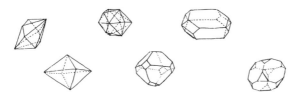

Doch diese Wirkung ist von außen induziert. Erst im genetischen Code, einem flüssigen Kristall, wird das aus Gott stammende Quant zum aufstiegsfähigen Selbst.

Das Ja und Nein äußert sich im genetischen Code als Wachstum und Vermehrung. Das Selbst gleicht dem Atomkern, der Protonen und Neutronen zusammenfügt, worum sich die Elektronen scharen.

Das Proton ist aus drei Bestandteilen, drei „Farben" zusammengefügt. Die Fähigkeit zum Zusammenfügen des Informationsbildes – in der Materie die starken Wechselwirkungen, im Bewußtsein das Selbst – ist inhaltsleer als reine Aufmerksamkeit. Die Aufmerksamkeit hat einen Quell, die innere oder schwarze Sonne. In der äußeren Sonne wandelt sich dauernd Wasserstoff in Helium und erzeugt über die Strahlung das Leben auf der Erde. Diese Strahlung wird durch den Mond abgewandelt, der die vier Elemente – Feuer, Erde, Luft, Wasser – in Wechselwirkung hält.

Die drei Aggregatzustände fest flüssig, gasförmig zeigen verschiedene Geschwindigkeiten der Moleküle. Im festen Zustand schwingen sie an den Ecken der kristallinen Struktur; im flüssigen unterliegen sie der brownschen statistischen Bewegung, und im luftigen dehnen sie sich nach Maßgabe der Schallgeschwindigkeit des Elements oder des Moleküls im Raum aus.

7. Die Elemente

Raum bedeutet Mitte und Richtungen. Beim Molekül sind es acht Richtungen, wodurch die Mitte (geometrisch im Hyperkubus) mit dem All in Beziehung steht. Betrachten wir nun die Ordnung des periodischen Systems der chemischen Elemente, die sich aus dem Multiplikationsfeld mit seinen funktionalen Diagonalen, den Vektoren ergibt.

Um den Atomkern (im Bewußtsein um das ungreifbare Selbst als Mitte des Rades) bilden sich sieben Schalen, in denen die Elektronen in höchstens vier Bahnen kreisen. Ihre Anzahl strebt nach Übereinstimmung mit der Anzahl der Protonen. Die Neutronen haben keine qualitative Bedeutung, sie verändern nur das Gewicht der Isotopen.

In der ersten Schale finden wir zwei Elektronen, die bei allen höheren Elementen konstant bleiben. In der Sonne sind es Wasserstoff und Helium. Wasserstoff ist überall im All, Helium erzeugt eine Mitte. Es begründet die Strahlungsenergie durch den Massendefekt: ein freies Wasserstoffproton wiegt mehr als ein fusioniertes Heliumproton, die überschüssige Masse wird während der Fusion von Wasserstoff zu Helium nach der einsteinschen Formel in Strahlungsenergie verwandelt.

Die Elektronen sind voneinander abhängig, aber auch in ihrer Beziehung zu den Protonen, deren Ladung entgegengesetzt ist. Die Vereinigung zweier Protonen schafft die Energie. Daher ist die Zwei das Gesetz des Lebens, und, wie wir aus der Musik wissen, auch jene der fraktalen Kombinatorik. Aus zwei entsteht die Identität, die Skaleninvarianz.

Die zweite und dritte Schale haben eine Kapazität von acht Elektronen, die wir als +4 oder -4 bestimmen können. Ihnen entstammen die acht regulären Gruppen des periodischen Systems:

1	Alkalimetalle	1	Außenelektron
2	Calziumgruppe	2	Elektronen
3	Aluminiumgruppe	3	Elektronen
4	Kohlenstoffgruppe	4	Elektronen oder Leerplätze
5	Stickstoffgruppe	3	Leerplätze
6	Sauerstoffgruppe	2	Leerplätze
7	Halogene	1	Leerplatz
0	Edelgase	8	Außenelektronen.

Die Ordnung entspricht dem mathematischen Dimensionskreis:

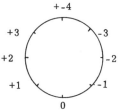

Die nullte Gruppe sind die Edelgase, deren Achterring gesättigt ist und die sich mit keinem anderen Element verbinden; sie sind Schaltstellen zwischen Urlicht und Urkraft. Die dritte Schale hat die gleiche Füllung wie die zweite. Ab der vierten Schale bildet sich ein neuer Zusammenhang. Zuerst kommen sieben Elemente mit Leerplätzen, 1, 2, 3, 4, 5, 6, 7; dann drei Elemente der Eisengruppe, die magnetisch sind, und dann geht der Weg zurück in Minuswerten der Leerplätze, -7, -6, -5, -4, -3, -2, -1. Erst das achtzehnte Element ist ein Edelgas. Der gleiche Zusammenhang gilt für die fünfte Schale.

Das Uratom

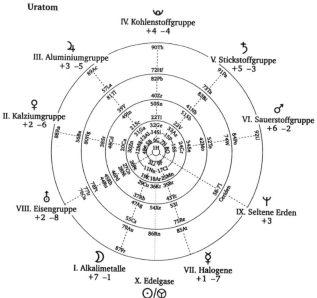

In der sechsten Schale taucht die neunte Gruppe auf. Diese bildet in der vierten Schale zusätzlich zu den achtzehn Elektronen mit den Bahnen 2, 6, 10 noch eine vierte Bahn mit vierzehn Elektronen. Alle ihre Elemente sind äußerlich dreiwertig: Es sind die Seltenen Erden, welche die innere Struktur vermehren.

Die siebte Schale, im Abstand von 49 Einheiten, bildet den Abschluß. Jedes Element ab 84, Polonium, ist radioaktiv und zerfällt in niedrigere Elemente.

In der Natur kommen 92 Elemente vor, doch können künstlich weitere bis zur Atomzahl 118 gebildet werden. 118 als natürliche Zahl ist 10: $1 + 1 + 8 = 10$.

Schale	K 1	L 2	M 3	N 4	O 5	P 6	Q 7
1 H	1						
2 He	2		**Die Elektronenverteilung in den Atomen im Grundzustand** (niederste Energiestufe)				
3 Li	2	2					
4 Be	2	2					
5 B	2	2 1					
6-9	2	2 2-5					
10 Ne	2	2 6					
11 Na	2	2 6	1				
12 Mg	2	2 6	2				
13 Al	2	2 6	2 1				
14-17	2	2 6	2-5				
18 Ar	2	2 6	2 6				
19 K	2	2 6	2 6	1			
20 Ca	2	2 6	2 6	2			
21 Sc	2	2 6	2 6 1				
22 Ti	2	2 6	2 6 2				
23-28	2	2 6	2 6 3-8				
29 Cu	2	2 6	2 6 10	1			
30 Zn	2	2 6	2 6 10	2			
31 Ga	2	2 6	2 6 10	2 1			
32-35	2	2 6	2 6 10	2 2-5			
36 Kr	2	2 6	2 6 10	2 6	1		
37 Rb	2	2 6	2 6 10	2 6	2		
38 Sr	2	2 6	2 6 10	2 6 1	2		
39 Y	2	2 6	2 6 10	2 6 1	2		
40 Zr	2	2 6	2 6 10	2 6 2	2		
41-45	2	2 6	2 6 10	2 6 4-8	1 (2)		
46 Pd	2	2 6	2 6 10	2 6 10			
47 Ag	2	2 6	2 6 10	2 6 10	1		
48 Cd	2	2 6	2 6 10	2 6 10	2 1		
49 In	2	2 6	2 6 10	2 6 10	2 1		
50-53	2	2 6	2 6 10	2 6 10	2 2-5		
54 X	2	2 6	2 6 10	2 6 10	2 6		

Schale	K 1	L 2		M 3			N 4				O 5			P 6			Q 7
37 Rb	2	2	6	2	6	10	2	6			1						
38 Sr	2	2	6	2	6	19	2	6			2						
39 Y	2	2	6	2	6	10	2	6	1		2						
40 Zr	2	2	6	2	6	10	2	6	2		2						
41-45	2	2	6	2	6	10	2	6	4-8		1 (2)						
46 Pd	2	2	6	2	6	10	2	6	10								
47 Ag	2	2	6	2	6	10	2	6	10		1						
48 Cd	2	2	6	2	6	10	2	6	10		2						
49 In	2	2	6	2	6	10	2	6	10		2	1					
50-53	2	2	6	2	6	10	2	6	10		2	2-5					
54 X	2	2	6	2	6	10	2	6	10		2	6					
55 Cs	2	2	6	2	6	10	2	6	10		2	6		1			
56 Ba	2	2	6	2	6	10	2	6	10		2	6		2			
57 La	2	2	6	2	6	10	2	6	10		2	6	1	2			
58 Ce	2	2	6	2	6	10	2	6	10	1	2	6	1	2			
59 Pr	2	2	6	2	6	10	2	6	10	2	2	6	1	2			
60-70	2	2	6	2	6	10	2	6	10	3-13	2	6	1	2			
71 Cp	2	2	6	2	6	10	2	6	10	14	2	6	1	2			
72 Hf	2	2	6	2	6	10	2	6	10	14	2	6	2	2			
73-78	2	2	6	2	6	10	2	6	10	14	2	6	3-8	2			
79 Au	2	2	6	2	6	10	2	6	10	14	2	6	10	2			
80 Hg	2	2	6	2	6	10	2	6	10	14	2	6	10	2			
81 Ti	2	2	6	2	6	10	2	6	10	14	2	6	10	2	1		
82-85	2	2	6	2	6	10	2	6	10	14	2	6	10	2	2-5		
86 Rn	2	2	6	2	6	10	2	6	10	14	2	6	10	2	6		
87 Fr	2	2	6	2	6	10	2	6	10	14	2	6	10	2	6		1
88 Ra	2	2	6	2	6	10	2	6	10	14	2	6	10	2	6		2
89 Ac	2	2	6	2	6	10	2	6	10	14	2	6	10	2	6	1	2
90 Th	2	2	6	2	6	10	2	6	10	14	2	6	10	2	6	2	2
91 Pa	2	2	6	2	6	10	2	6	10	14	2	6	10	2	6	3	2
92 U	2	2	6	2	6	10	2	6	10	14	2	6	10	2	6	4	2
	2	8		18			32				18						

Das Verhältnis 1 : 2, Wasserstoff zu Helium in der ersten Schale, ist bei jedem höheren Atom stabil. In der Sonne bedeutet es die Fähigkeit des Strahlens. So muß es in anderen Elementen die Fähigkeit des Eigenfeuers, der Selbstorganisation bedeuten.

Als Gruppe sind die Edelgase 0 oder 10. Was die Zehn erreicht, wird zum Durchgangstor zwischen Urkraft und Urlicht. In der Achterreihe der zweiten und dritten Schale steht die nullte Gruppe für die gesättigte Verbindung und damit am Ort der Sonne im Tierkreis, und die erste Gruppe mit einem Außenelektron für den Mond. In der ersten Schale wird der Wasserstoff, der überall im Weltenraum ist, durch Fusion gebunden und das Helium ist stabil.

Vergleichen wir diesen Zusammenhang mit den Quanten, so sind diese als Einzelwesen überall, aber finden im Helium, in der Zwei, ihre Qualität und Identität. Die Oktave als Gleichklang ist das Grundgesetz der Identität. So entspricht dem Ich der Mond, dem Wesen die Sonne und dem Selbst, als Ursprung der Vereinigung beider, die Erde. Mond, Erde und Sonne sind in der senkrechten Ordnung des Aufstiegs die Determinanten von Mineral, Pflanze und Tier. Aus ihnen entsteht der physische Organismus. In der mittleren Schicht des Tieres vollzieht sich die Umkehr: Galaxie und All, Mensch und Gott wesen oberhalb der natürlichen Evolution, sie bilden deren Ziel, das aber nur Einzelwesen aus freiem Entschluß erreichen können.

Beim Menschen sind Raum und Zeit, Selbst und Ich, so lange getrennt, bis er sie zusammenfügt und die Wesenswerdung beginnt. Das Selbst, makrokosmisch der Erdmitte vergleichbar, bedeutet mikrokosmisch den Atomkern mit seinen dreifältigen Protonen. Dieser Kern ist beim Menschen das Riesenmolekül des genetischen Codes. Der Quell der Selbstorganisation ist das Feuer, das die Information dauernd von 0 zu 1, vom energetischen Zustand in den inkarnierten verwandelt, in David Bohms Worten, vom implicate zum explicate order. So ist das Finden des eigenen genetischen Codes, der molekularen Struktur der Anlage, eine Voraussetzung des möglichen Aufstiegs.

Aus der Sicht des Rades ist der Mensch nicht letztes Ergebnis der Evolution sondern Inkarnation eines im Himmel präexistenten Wesens. Mit Mineral, Pflanze und Tier wurden Aspekte des Menschlichen inkarniert.

8. Die Pflanze

Im Mineral wirken Licht und Kraft zusammen; in der Pflanze trennen sie sich voneinander. Die Pflanze alterniert zwischen Same und Gestalt, ihr Wachstum ist von irdischen und kosmischen Parametern abhängig. Sie hat eine senkrechte erdbezogene Achse, unterliegt dem Zyklus von Leben und Tod, wechselt ihren Atem im Rhythmus von Tag und Nacht. Das Leben der Gattung wird von neuen Individuen weitergetragen, die als Same durch lange Perioden auf Inkarnation warten können. Viele Pflanzen sind für den Menschen traumschaffend, halluzinogen, und wurden in alten Kulturen zu Visionsreisen verwendet. Wie in der Physik ist auch in der Biologie ein Umdenken notwendig. Die Linnéesche Botanik vergaß, daß Menschen aus den gleichen Molekülen bestehen wie die Pflanzen. Sie sind Wesen wie die Menschen und können einem aus der induzierten Traumwelt wertvolle Einsichten vermitteln.

Aus dem Traum kommt die Vitalität, er offenbart die Mängel. Die Koordinaten der Pflanze in der dritten Dimension sind:

Fühlen   Atom   Pflanze   Erde   Körper

Traumbilder sind dreidimensional, man kann gleichsam um sie herum und darin spazieren gehen. Sie bilden Keime der Entfaltung.

Paracelsus verkündete, für jede Krankheit sei ein Kraut gewachsen und man könne die Heilbedeutung einer Pflanze aus ihrer Ähnlichkeit mit einem Organ, ihrer Signatur erkennen, wie etwa bitterer Geschmack anzeigt, daß die Pflanze der Galle gut tut. Über neunzig Prozent aller Heilmittel sind zufällig entdeckt worden.

Man muß die Heilpflanzen an gewissen Orten pflücken, zu bestimmten Zeiten, die noch die Kräuterfrauen wissen. Man muß mit Pflanzen reden; man kann Bäumen nach afrikanischer und indianischer Überlieferung Krankheiten abgeben, wenn man sie bittet, die fehlgeleitete Energie abzuleiten.

Die zweite Komponente der Traumwelt und der Pflanze entstammt der Sehnsucht nach vollendeter Gestalt, die im Pflanzenreich physiognomisch erkennbar ist; die Silhouette eines Apfelbaums ähnelt dem Apfel, die eines Birnbaums der Birne.

Der menschliche Organismus ist zwölffältig nach dem Urbild des Tierkreises zu begreifen. Wenn ein Glied oder ein Organsystem krank ist, kann das auf mangelnde Entwicklung oder Tätigkeit hindeuten, weil der Sinn Leben und Tod umfaßt. Erkennt man die Bedeutung der Krankheit im Schlüssel der Astrologie, dann kam man sie vielleicht heilen.

Kultur ist pflanzlich, kommt etymologisch vom Bestellen des Feldes. Habe ich eine bestimmte Krankheit, so kann ich ihre Wurzeln durch den Tagtraum erkennen, indem ich sehe, welcher Körperteil mir nackt in einer Vision nicht gefällt oder besondere Aufmerksamkeit heischt; auch Schmerz bedeutet, daß dieses Organsystem in den Vordergrund tritt.

Viele Menschen erlangten durch Drogenerfahrung die Fähigkeit, Pflanzen als Wesen zu begegnen. Doch die Drogen schwächen das Ichbewußtsein. Wenn man einen Baum tatsächlich in Worten um Hilfe fragt, also sein Wesen anspricht, dann wird die Beziehung auch ohne Ausschaltung des Ichs möglich.

Menschen sind wie sie sind. Erkennt man ihre pflanzliche Natur nicht an, dann verkümmern sie; die Folgen sind Krankheit und Tod. In der rationalen westlichen Zivilisation droht diese Gefahr. Doch gibt es noch Kulturen, die den Zusammenhang nicht verloren haben und uns den Weg zeigen können, wie die ursprüngliche Einstimmung wieder zu erreichen ist.

9. Das Tier

Bei den Pflanzen bedeutet der Tod das natürliche Ende der Entfaltung. Wenn eine Pflanze eine andere verdrängt, so gehört dies zu den Umweltbedingungen. Das Tier hingegen, als nächste Schicht der Evolution, lebt im kosmischen Stoffwechsel, zwischen fressen und gefressen werden. Es wird gesteuert durch die Instinkte der Selbsterhaltung und der Arterhaltung, die nahtlos zusammenwirken. Seine vier Triebe – Nahrung, Sicherung, Aggression und Fortpflanzungstrieb – sind im labilen Gleichgewicht. Die beiden Teile des Aggressionstriebes, Territorialinstinkt und hierarchischer Instinkt, sorgen für eine gleichmäßige

Der neue Name Gottes

Verteilung der Individuen im Raum und eine selektive Nachkommenschaft.

Tiergattungen können aussterben. Aber jede Tierart hat außer der biologischen eine geistige Bedeutung. Für die Indianer waren die Tiere unsere Lehrer. Jede Art, die ausstirbt oder durch Menschen vernichtet wird, vermindert den Reichtum der menschlichen Entfaltungsmöglichkeiten.

Die Tiere befinden sich zwischen folgenden Koordinaten:

Denken   Elektron   Tier   Sonne   Seele

Denken ist strategisch; ein Tier findet aus einer bedrohlichen Lage immer einen Ausweg. Seine erste Strategie ist die Flucht; nur wenn diese nicht möglich ist, stellt es sich zum Kampf. Aber das Sterben ist dem Tier nicht fremd; die Indianer sagen, es stimme seinem Tod als giveaway zu. Auch beim Menschen sind Jagd und Sammeln die Urwege der Befriedigung in der Altsteinzeit gewesen. Doch im Unterschied zum Tier ist der Mensch werkzeugschaffend, und das Urwerkzeug war die Waffe, mit der er besser jagen konnte und die ihm dann auch im Kampf um die Vorherrschaft diente. Das instinktive Gleichgewicht der Triebe ist sprachlich nicht zu erreichen; die Menschen verteilen sich nicht wie die Tiere auf abgegrenzte Territorien, die sich nach deren Größe richten. Sie sind auch nicht bereit, einmalige Siege anzuerkennen, während das Alphatier in der Hierarchie fortan unangefochten herrscht.

Die tierische Verhaltensforschung zeigt eine wesentliche Grundlage aller echten Politik. Sobald eine Gefahr da ist, der die Einzelnen nicht gewachsen sind, tritt das Ich zurück und die tierischen Instinkte übernehmen. Lebon bezeichnete diesen Vorgang als „abaissement du niveau mental": die Gruppe wird zur manipulierbaren Masse, die Schlagworten wie Reizen folgt. Die Auflösung des Individuums in der Masse, die dem Tod gleicht, wird von vielen wie im Augenblick einer Revolution als große Befreiung erlebt.

Darum richtet sich auch manche menschliche Paradiesvorstellung auf eine Zeit, da die tierische Harmonie noch nicht verloren war und die Menschenhorden sich durch ein Ritual mit einer Tiergattung verknüpft fühlten.

In vielen Stämmen fand ein Jüngling erst eine Braut, wenn er seinen ersten Feind getötet hatte. Aber der Mensch ist nicht mehr Tier, sein Schwerpunkt liegt im Wachen. Darum wird sein Kämpfen maßlos. Die wirklich menschliche Ebene liegt jenseits des Tierrituals in der Zivilisation. Man könnte sagen, beim Tier gibt es nur das Selbst und kein Ich. Beim Menschen aber erwächst das Ich aus der Sprache, und er muß es bewußt zum Selbst rückverbinden. Das Selbst ist mineralisch der Atomkern und pflanzlich die Fähigkeit des Wachstums aus der eigenen Anlage. Im Tier führt es zur Selbstbehauptung. Beim Menschen muß es die Herrschaft des Selbsterhaltungstriebs überwinden, um zur eigentlichen Person zu werden. Personare heißt durchklingen. Dies wird möglich, wenn rechts und links im Großhirn unterschieden werden und sich der einzelne zwischen Traum und Wirklichkeit, Jenseits und Diesseits entfalten kann.

10. Der Mensch

Um sich als Mensch zu entfalten, muß der tierische Organismus sprachlich artikuliert sein, da die Instinkte nicht mehr unterbewußt die Strategien lenken.

Die Kriterien der Stufe des Menschen sind auf das Jenseits gerichtet, auf den Traum. Er verliert die Symmetrie zwischen rechts und links, die sowohl das Tier als auch den Tiermenschen bestimmt hat. Die menschliche Ebene des Wachens hat folgende Reihung der Begriffe:

Empfinden   Photon   Mensch   Galaxis   Geist

Die Welt des Lichts und der Erfahrung ist ganzzahlig. Sicher ist unsere Lichtwelt nur eine der möglichen in einem Sinnesausschnitt. Doch diese entscheidet über den Sinn unseres Daseins zwischen Geburt und Tod. Wenn der einzelne nur funktioniert und sich als Funktion versteht wie in der westlichen Soziologie, dann hat sein Leben keinen Sinn. Nur mit einem immer neu erwachenden Feindbild läßt sich solch eine Existenz aushalten. Sobald sich aber einmal der Blick nach innen kehrt und dem Geist zuwendet, dann findet der Mensch die echte unendliche Dynamik seines Daseins, die nur über die Mitgestaltung der Zivilisation zugänglich wird.

Erfahren und gestalten sind zwei Aspekte des Empfindens. Dessen Bedingungen haben nichts mit dem Überleben zu tun; wir haben sie im ersten Kapitel als die Gesetze der Sinne geschildert. Oft ist die Sprache in Gefahr, in der Vorstellung den Blick auf Außenwelt und Innenwelt zu verstellen. Darum nannten die Inder die menschliche Existenz Maya, Schein, ebenso Platon in seinem Höhlengleichnis.

Durch die nicht-assoziative Wahrnehmung kann man erkennen, daß die Gesetze der Welt jene der Sinne sind und nicht solche der Sprache. Der Sinn der Sprache ist beschränkt auf denken und Seele. Wenn die Probleme der Selbstfindung oder der Befreiung aus elterlichem Zwang im Vordergrund stehen, gibt es keinen Sinn, sondern gleichsam nur ein Umrühren im psychischen Brei der Selbstkritik und des Selbstmitleids. Erst wenn die Arbeit an der Welt im Sinne der Ästhetik, der Verschönerung beginnt, dann findet der einzelne zu sich selbst, und zwar jeder. Die Unterscheidung zwischen Genies und Durchschnitt, die Tatsache, daß heute nur wenige eine sinnvolle Existenz erreichen, hat ihre Ursache in der Beschränkung auf die sprachliche Überlebenssphäre und die Anerkennung der Aggression mit dem Ziel der Vernichtung des Feindes. Wenn das Tier die Zähne fletscht, greift es an; der Mensch dagegen kommt zum Lachen. Nicht der tierische Ernst, sondern der göttliche Humor ist die Sphäre der Menschlichkeit.

Gegenpol des Empfindens ist der Geist. Er ist einer anderen Sprache zugänglich, die die Welt als Chiffre versteht und deutet, so daß die Einfälle, die Inspirationen, nicht dem eigenen Denken zugerechnet werden. Geist ist immer Heiliger Geist. Was eine Gestaltung schön macht oder eine Problemlösung wahr, hat mit Ich oder Selbst nichts zu tun. Es entstammt der Fähigkeit, die Welt zu deuten, die Archetypen zu erkennen und damit die Zahlen in ihrer arithmetischen und geometrischen Gestalt.

Die Dramen des Traumes haben ihren Ursprung in den Paradigmen des Handelns, wie es die Epen und Mythen im Altertum und seit dem 19. Jahrhundert die großen Romane gezeigt haben, die uns den Reichtum menschlicher Existenz verdeutlichen. Alle Chiffren sind sowohl grammatikalisch als auch in der Dichtung auf die neun Zahlen und die Null zurückzuführen. Geist wird nur zugänglich, wenn die Dynamik, das Leben auf die Zukunft hin, die Angst vor der Unsicherheit ablöst. Wer dynamisch zwischen sinnlicher Welt und Einfällen wirkt, der kann auch die tierische Ebene des Überlebens, also sein Auskommen problemlos finden. Der Wert eines J. S. Bach überschreitet, materiell gesprochen, im Lauf der Zeit das Bruttonationalprodukt eines Kleinstaates. Nur im Geist findet der Mensch seine unendliche Richtung.

Goethe sagte: wer keinen Namen sich erwarb, gehört den Elementen an. Aristoteles sprach von jenen, die an die sublunare Welt gefesselt bleiben. Der Pegasus ist sowohl das Urbild des Helden, des Abenteurers als auch des Erfinders, des Künstlers, des Heiligen und des Weisen. Weise kann jeder nur für sich selbst werden, es gibt keine Nachfolge im Stil. Doch dieser Stil, das Werk, das der einzelne der Erde übergibt, ist der Außenbau seines Wesens. Wenn er gestorben ist, dann wird er sowohl durch seine Schöpfung als auch existentiell als lebendiger Ahne weiterwirken und die Nachgeborenen befruchten.

Die fünf Stufen der Evolution sind nicht erst heute zugänglich. Seit jeher, in allen Formen des menschlichen Zusammenlebens gab es Heilige und Weise. Man kann sogar behaupten: Niemals gab es eine Epoche, in der der Sinn des Lebens als Abstimmung auf die Grundtöne des Daseins weniger verstanden wurde als heute, wo die Ideale die Trendsetter und Opinionleader sind, die eine Ökonische für sich ausgemacht haben. Jeder wahrhaft geistige Mensch ist bescheiden, weil die Beschränkung im tierischen Bereich auf das Notwendige ihm ermöglicht, seine ganze Kraft für die Verwirklichung seines Geistes einzusetzen und damit ein Befreiter zu sein.

Wie kann nun die Bekehrung, die Umwandlung des Menschen erreicht werden, damit das Ich zur nullhaften Einstimmung in den Menschen im All, zur Großen Harmonie, findet und sich das Selbst vom schlafenden Zeugen in den Täter verwandelt? Die Antwort finden wir in der Phänomenologie des Yoga.

V.

Yoga

Gott ist Ursprung und Ziel der Welt. Der Mensch hat über sein Selbst Teil am göttlichen Ursprung und über sein Ich Teil an der Möglichkeit, den Weg der Rückkehr zu beginnen. Diese Rückkehr gehört nicht zur Evolution. Sie ist persönliche Entscheidung und Wahl. Seit altersher hat man sie als geistigen Weg bezeichnet, der frei und ohne Sicherung in eine unbekannte Zukunft führt.

Freiheit bedeutet, daß nichts einem Halt gibt außer der Erinnerung der Kindheit, daß eine Daseinsform möglich ist, wo nicht der Egoismus sondern die Liebe herrscht. Die natürliche Evolution in ihren Schichten reicht bis zum Menschen, der zwischen rechts und links unterscheidet und dadurch imstande ist, seinen geistigen Traum zu verwirklichen. Ob dieser Traum in die große Gemeinsamkeit mündet, ist nicht vorbestimmt. Mineral, Pflanze und Tier kennen nur ihre Verwurzelung in der Urkraft, also der Selbstorganisation.

Beim Menschen tritt kosmogonisch durch empfinden und Geist die Fähigkeit hinzu, Elemente zu unterscheiden und sich konkrete Ziele zu setzen. Aber nur, wenn er die nullte Dimension des Gewahrseins anpeilt und weiß, daß sein Wesenskern von Gott stammt, wird er den Weg zurück beginnen und zum Sinn durchstoßen. Dieser Weg wurde philosophisch am klarsten im indischen Yoga beschrieben, wobei der Akzent auf der Praxis lag.

Da für die meisten das Wollen auf das Überleben gerichtet ist, scheint es schwer, aus dem Denken die Anjochung – was das Wort Yoga ursprünglich bedeutet – anzugehen. Aber dennoch können uns die Stufen des Yoga, wie sie Patanjali gelehrt hat, einen Hinweis geben, wie die Umkehr aus dem Wissen anheben könnte.

Ziel des Hathayoga ist Samadhi, die Einstimmung in das göttliche Gewahrsein. Ich verwende die indischen Begriffe, weil sie weniger falsche Assoziationen erzeugen als die entsprechenden europäischen, griechisch-lateinischen Bezeichnungen.

Ausgangspunkt des Yoga ist das Menschentier der mittleren Evolutionsschicht. Diese wird gekennzeichnet durch die Assoziationen, die einen so lange mitreißen, bis man sich entscheidet sie anzuhalten. Die Eingangsverse des Yoga Sutra des Patanjali lauten:

Jetzt beginnt der Yoga.

Yoga bedeutet die Verlangsamung der Assoziationen, um sie zum Stillstand zu bringen.

Dann ruht das Wesen in seiner Mitte.

Alle anderen Zustände sind durch Leiden bestimmt.

Das Wort jetzt, atha, bedeutet nicht Gegenwart, sondern den Entschluß etwas zu beginnen, was keinen Grund hat in der Vergangenheit und im Karma, sondern auf das künftige Ziel der Rückkehr zu Gott weist. Das eigene Subjekt ist potentiell Teil Gottes, auch wenn dieser dem Übenden vorerst als Ishta-Deva, als persönliche Leitvorstellung im Gegenüber einleuchtet. Das der Evolution entstammende Menschentier hat noch kein Wesen; Wortleib, Kraftleib und Lichtleib erscheinen als diffuser assoziativer Nebel. Die Assoziationen verlaufen zwischen den vier Bewußtseinsschichten des Großhirns:

$$\begin{array}{c} \text{Schlaf / Aufmerksamkeit} \\ \text{Wachen} \quad \underline{\quad\quad} \quad \text{Traum} \\ \text{Vorstellung} \end{array}$$

Der Schlaf greift nicht in die Assoziationen ein. Seine Fähigkeit ist die Aufmerksamkeit des Wollens. Sie gleicht dem Fokus des Sehens, ekagrata, sie ist zu erwecken. Dazu bedarf es aber der inneren Leere, des Erreichens der Mitte des Kreises im Selbst, im Zeugen, der nicht gelebt *wird* sondern sein Leben führen könnte, wie wir es früher beschrieben.

Gott als Selbst, als Wesenskern, ist in der Mitte, Gott als Ich und als Du ist jenseits des Wachens oder besser Erwachens. Die nullte Dimension ist nur in der Leere des Gewahrseins zugänglich.

Das Erwachen bezeichnet die transpersonale Psychologie als Gipfelerfahrung. Bucke nannte sie „kosmisches Bewußtsein", das einen zufällig überfällt. Sobald jemand dieses Erlebnis hat, die momentane Erleuchtung, ist er vollständig glücklich im Samadhi. Das Erleben kann durch Zufall kommen, es kann durch Verzweiflung entstehen – als das Erleben der Zweiheit von Ich und Selbst, wobei das Ich unter dem unvollkommenen Zustand leidet und sich selbst betrachtet. Es kann sich in einer ganzen Reihe von Situationen manifestieren. Wahrscheinlich gibt es niemanden, der diese Erleuchtung nicht erlebt hat. Aber wenn sie vorbei ist, wird sie vergessen; im unglücklichen Bewußtsein des Ich-bildes ist sie nur der Schatten einer Erinnerung.

Die Übungen

Die Erleuchtung kann aber auch durch Übung erreicht werden, durch einen methodischen Aufstieg, der sich über acht Stufen erstreckt:

8. Samadhi
7. Dhyana
6. Dharana
5. Pratyahara
4. Pranayama
3. Asana
2. Niyama
1. Yama

Da der Durchschnittsmensch im *Über*leben der mittleren Evolutionsstufe des homo faber verharrt, wird er alle persönlichen und kollektiven Erinnerungen an den Samadhi dem sogenannt gesunden Menschenverstand unterordnen. Vom Denken aus scheint es unmöglich, je herauszukommen, weil man von den Assoziationen mitgerissen wird und die Ruhe der Meditation kein Bewußtseinsinhalt ist, sondern das Subjekt. So können Religionen, wie Kierkegaard so treffend gezeigt hat, noch schwerwiegendere Verführungen darstellen als die materiellen Lebensziele, weil der gesicherte Gläubige das gute Gewissen hat und deshalb seltener als ein Sünder im christlichen Sinn einsieht, daß er eigentlich nicht in seinem Wesen steht. Ferner versuchen manche, die diese dumpfe Erinnerung an ein mögliches Heil haben, die Stimme ihres Gewissens zu übertönen und den Strebenden zu überreden, er sei auf einem falschen Weg. Darum heißt Yoga auch der Weg des Einsamen. Ebenso Sufi im Islam. Dennoch hat dieser Weg bestimmte Stufen, die gemeinsam anzugehen sind.

1. *Yama* heißt, sich durch Askese von dem Assoziationskreislauf zu trennen. Matthias Alexander hat es in anderem Zusammenhang als Inhibi-

tion beschrieben: Man muß erst nein sagen zu einer Anregung oder einem Impuls und dann ja. Den Trieben gegenüber gilt es eine zeitweilige Enthaltsamkeit zu üben, ebenso den sinnlichen Eindrücken, die einen als bedingte Reflexe mitreißen.

Ferner soll man diese Disziplin nicht in der Öffentlichkeit üben, weil dies das schlechte Gewissen der anderen verstärkt und sie versuchen werden, einen davon abzuhalten; denn im Innersten weiß jedes Wesen, daß es früher oder später sich für einen geistigen Weg entscheiden muß, um Mensch zu werden.

2. Die Zweiheit des Bewußtseins – links und rechts, Ich und Selbst – ist die Voraussetzung um an sich zu arbeiten. Wenn eine Disziplin mit einem vorgestellten Ziel ausgeübt wird, ist die Anstrengung umsonst, sie wird Teil des assoziativen Ablaufs. Um sich zu stärken muß man in der zweiten Stufe, *Niyama*, andere finden, die den gleichen Weg gehen, Bücher lesen oder Rituale suchen, die in dieser Intention geschaffen wurden. Sobald man Freunde findet, die den gleichen Weg beschreiten und nicht nur in der Kompetition leben – die Inder bezeichnen die durchschnittliche Gesellschaft als das Reich der Fische, wo der größere den kleinen frißt – dann kann man an den praktischen Teil der Übung gehen, die die Schichten der Evolution vom Mineral bis zum Menschen nachvollzieht.

3. Yoga ist das Tor zur zweiten Geburt. Hatha-Yoga heißt Vereinigung von Sonne und Mond, Pingala und Ida, im Sushumna durch die aufsteigende Schlangenkraft. Aber der Organismus in seinem mineralischen Aspekt tendiert gleich dem Atom zum Grundzustand, wie etwa eine Neonröhre die elektrische Energie, die sie aufnimmt, sofort wieder als Licht abgibt, um den Grundzustand zurückzugewinnen. Diese Trägheit kann durch die beiden Stufen von *Asana* und Pranayama überwunden werden, indem die Kraft aus den Assoziationen gelöst und in die Mitte des Selbst gebracht wird. Die Übungen sind seit Jahrtausenden bekannt, doch ihr Verständnis wurde erst durch die moderne Gehirnforschung zugänglich.

Die Rolle der Geschlechtsenergie als Träger des künftigen Lebenssinns hat zuerst Wilhelm Reich entdeckt; er nannte diese Energie Orgon. Die Chinesen nennen sie Chi, die Inkas Ki.

Den gleichen Namen trägt das pythagoräische Zahlenkreuz als Ursprung der Kreativität, als Werkzeug des Demiurgen.

Die Kundalini schläft beim Menschen dreieinhalbmal geringelt am Fuß der Wirbelsäule im untersten Chakra. Infolge der materiell mineralischen Herkunft der Kundalini geschieht das Erwachen nicht von selbst; man braucht dazu die Hilfe eines anderen, weil nur von Subjekt zu Subjekt im Sinne des Wesenskreises das Selbst aus seinem Schlaf gelöst wird. Schlaf bedeutet Ruhe. So ist die erste Voraussetzung zur Stillung der Assoziationen *Asana*, die ruhige Körperhaltung, die diesen so entspannt wie im Tiefschlaf. Viele überlieferte Asanas ahmen die Schlafstellung von Tieren nach, weil der Mensch alle Tierformen in sich enthält. Manche sind auch pflanzlich zu verstehen. Eine Hauptasana, der Kopfstand, ahmt die Pflanze nach: Der Mensch wäre eine umgekehrte Pflanze im Bild des Weltenbaums, die Wurzeln im Himmel entsprechen dem Kopf, die Blüte dem Geschlecht. In der Umkehrhaltung wird der Einstieg in die pflanzliche Fähigkeit der unmittelbaren Energieaufnahme vorbereitet.

4. Ist die Körperruhe erreicht, dann kommt als nächster Schritt *Pranayama*: die Rhythmisierung des Atems, um diesen aus seiner unbewußten Mechanik zu befreien. Hierdurch wird die potentielle Energie, die Quantität des Prana vermehrt. Atemübungen stärken die Aufmerksamkeit nicht nur durch den Sauerstoff, sondern durch das bewußte Assimilieren des Chi. Prana ist dem Bewußtsein zugänglich, es läßt sich lenken, sammeln und an bestimmten Orten einsetzen.

Die Geschlechtskraft und die mannweibliche Vereinigung ist Gegenstand des Tantra. Die Lenkung des Prana ermöglicht die Lösung der Assoziationen durch das Mantra, welches beim Atmen mental gesprochen wird. Man kann durch eine sinnlose Silbenfolge eine Energiesteigerung erzielen; doch wenn ein geistiger Sinn wie ein Gebet wiederholt wird, dann erstreckt sich das Gewahrsein auch inhaltlich auf die Energie.

5. Yama und Niyama klären die mineralische Schicht, Asana die pflanzliche, Pranayama die tierische. Die menschliche Stufe der Evolution, die Befreiung aus dem Überlebensdrang und das Akzeptieren des Todes

als positive Schwelle ist Gegenstand des *Pratyahara*, der Introversion oder Schildkrötenhaltung. Sprachlich ist der Mensch ein Werkzeug, in das er zwischen Traum und Wirklichkeit hineinwächst. Dessen Bild wird als Yantra bezeichnet, eine geometrische Form, in der alle Bewußtseinsinhalte um eine Mitte gegliedert werden. Es gibt zahllose Yantras. Die Grundform ist einerseits das Quadrat, andererseits das kreisförmige Mandala, wozu die Meditation des Horoskops gehört, und als Vereinigung beider das Rad, das Urchakra, das alle anderen Chakras einschließt. So wird im Yoga der Meister des Rades, Chakravartin, als Weltkaiser betrachtet. Der tibetische Heilige Milarepa nahm diese Rolle für sich in Anspruch, gerade weil er jede äußerliche Stellung verweigerte.

6. Im Pratyahara wird die Identifikation mit den Assoziationen endgültig gesprengt. Man muß die Gedanken wie Güterzüge vorbeirollen lassen, ohne Partei zu ergreifen. Erst nach der Loslösung wird man fähig, die drei obersten Stufen des Yogaweges, *Dharana*, *Dhyana* und *Samadhi* als Samyama zu integrieren.

Die nullte Dimension der Gottheit ist außerhalb der Zeit. Der Mensch, der die Erleuchtung erreicht, west im ewigen Augenblick. Oft ist dieser Augenblick die Erfahrung des weißen Lichts, wie es manchen begegnet, weshalb wohl auch der Ausdruck Erleuchtung gewählt wurde. Der entscheidende Schritt ist aber die Menschwerdung aus dem Tier in der vorletzten kosmogonischen Stufe der Evolution.

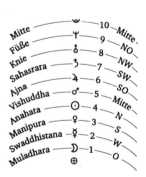

Der neue Name Gottes

Die 7 Chakras

Die Chakras aus der Sicht des Rades verdanken ihre Verschiedenheit den Rhythmen der embryonalen Entfaltung. Ihre Teilung nach rechts und links, Pingala und Ida, physiologisch und mental, eröffnet den möglichen Aufstieg in Sushumna, der nicht mehr zur natürlichen Evolution gehört, sondern frei ist. Betrachten wir nun die Chakras im Hatha-Yoga.

Chakra	Ida/Mond	Sushumna/Erde	Pingala/Sonne
7. Sahasrara	sprechen	Geist	Befruchtung
6. Ajna	lesen	Seele	Polarisation
5. Vishuddha	tasten	Körper	Organisation
4. Anahata	hören	wollen	Kreislauf
3. Manipura	schmecken	fühlen	Stoffwechsel
			Geburt
2. Swaddhistana	riechen	denken	Atmung
1. Muladhara	sehen	empfinden	Bewegung

Über die Sprache ist das Erleben der nachtodlichen Traumexistenz zu veranschaulichen. Es gibt kaum jemanden, der nicht Reinkarnationen als Erinnerung vergegenwärtigen kann, wobei nicht klar ist, ob sich Reinkarnation auf dieser Erde oder einer anderen begab. Da die nullte Dimension, unser All, und der ewige Augenblick synchronistisch allumfassend sind, ist Gott nicht nur Erfahrung des Samadhi oder der Erleuchtung, sondern auch historisch im Sinne von Christentum und Islam zu verstehen.

In der *Befruchtung* vereinigen sich männlicher Same und weibliches Ei. Aus Millionen von Samen gelingt es einem einzigen in das Ei zu dringen und die Entfaltung zu beginnen.

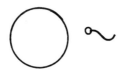

Als zweite Stufe der *Polarisation* wandern zwei Zentren zu den Polen, die elterlichen Chromosomen legen sich parallel an den Äquator und vereinen sich.

Als dritte Stufe entsteht die Urzelle, Träger der körperlichen Individualität. Sie beginnt sich nach dem Oktavgesetz zu teilen: 1 – 2 – 4 – 8 – 16 – 32 – 64 usw. Nach 54 Teilungen ist der menschliche Organismus vollendet: das Stadium der *Organisation*. Doch bald entfalten sich aus der Urzelle die drei Keimblätter Ektoderm, Mesoderm und Entoderm, die die Grundlage der drei Gehirnsysteme und Organgruppen bilden; Entoderm die Eingeweide und Organe, Mesoderm die Knochen, Gelenke, Bänder und Muskeln und Exoderm die Haut und die Sinnesorgane.

Als vierte Stufe beginnt der *Kreislauf* mit dem Herzschlag.

Die fünfte Stufe zeigt den *Stoffwechsel*, der über die zweifache Nabelschnur verläuft.

Anschließend kommt die Geburt: die Nabelschnur wird durchschnitten. Die Geburt ist dreifach schmerzhaft: Wehen, Austritt und erster Atemzug. Diese Schmerzschwelle ist das Hindernis für die zweite Geburt, die nur intentional zu überwinden ist.

Die sechste Stufe ist der *Atem*, gleichzeitig der erste Schrei als Beginn der Sprechfähigkeit, Das Wesen tritt aus dem wässrigen Milieu des Mutterleibes in das luftige des Schalls.

Die siebte Stufe ist die Fähigkeit der Bewegung und der Koordination der Sinne. Sie ist etwa drei Monate nach der Geburt vollzogen, erst dann sind die Assoziationsbahnen des Großhirns verknotet. Aus diesen Empfindungen kann nun der Rückweg beginnen, von dem zwei Stufen bewußt vorgebildet sind, die anderen aber nur durch persönliche Bemühung integriert werden können.

Sushumna, der Rückenmarkskanal in der Wirbelsäule, wird in sieben Schwerpunkte gegliedert, die Funktionen und Bereiche, die wir bereits kennen lernten und die die Rhythmen der embryonalen Entfaltung nun in umgekehrter Reihung vollziehen.

Die Aufmerksamkeit ist die Mitte des Organismus, das Herz. Doch wird sie gespeist aus der Kraft der Erde, um den aufsteigenden Weg zu beginnen. Diese Anjochung muß einen Schritt hinausgehen über den großen Weg der Übung von unten nach oben oder auch von oben nach unten, wie es das christliche Vater Unser zeigt:

7	Vater unser der Du bist im Himmel	Geist
6	Dein Name sei geheiligt	Seele
5	Dein Reich komme	Körper
4	Dein Wille geschehe, wie im Himmel also auch auf Erden	wollen
3	Unser täglich Brot gib uns heute	fühlen
2	Vergib uns unsere Schuld wie auch wir vergeben unseren Schuldigern	denken
1	Und führe uns nicht in Versuchung, sondern erlöse uns von dem Übel	empfinden

Aus der Sicht der Chakras können wir die letzte Bitte besser verstehen. Was heißt: Führe uns nicht in Versuchung? Da das Göttliche das Gute ist, wird doch Gott den Menschen nicht auf die Probe stellen! Der zweite Teil gibt die Antwort: Erlöse uns von dem Übel, nämlich der Trägheit, die dem Tode zuführt. Dies wird erst verständlich, wenn man erkennt, daß Trägheit die große Gefahr bildet, und nur die Disziplin, Yama, die Stagnation überwinden kann.

Die Tiere sind immer in der Harmonie der Arterhaltung; daher richten sie auch den Menschen in der Vision des ägyptischen Totenbuchs. Man muß das bloße Überleben, wie es in den Idealen der jüngsten Epoche des Proletkultes und des Mannes auf der Straße umrissen wurde, als böse erkennen. Der Mensch ist nicht auf der Welt zur Befriedigung seines statischen Fühlens, sondern muß das Gewahrsein, also Gott anpeilen, um den Weg zurück zu beginnen. Die sogenannte Bekehrung, jüdisch das Umstellen der Lichter, taoistisch das Kreisen des Lichts, ist also wörtlich zu nehmen. Die neolithischen religiösen Bauten glichen dem Uterus, und auch noch die christliche Kirche betrachtete sich als solcher, ebenfalls die Schwitzhütte der Indianer. Doch wir können dem Ritual entsagen, wenn wir den Sinn der Stufen verstehen.

1. Die Bewegung des Menschen, auch eines Blinden, wird durch den Sinn des Sehens geleitet. Aus der Fähigkeit, den Körper aus dem kinästhetischen Leib zu lenken – also einen Vorstellungskörper in Entsprechung zum physischen zu bauen – entspringt das *Empfinden*, dessen Gesetze wir im zweiten Kapitel nach Ton, Farbe und Körpersinn bestimmt haben.

Das unterste Chakra in der Höhe der Geschlechtsorgane heißt Muladhara, das Wurzelchakra. Es bildet den Zugang zum Chi und zu Prana, der Urkraft. Seine Energie ist die Strahlung, die uns mit dem All verbindet und in das große Kontinuum einwebt. Die erste Dimension enthält die ganzen Zahlen als Ergebnis der Addition. Man muß stets neue Empfindungen einbeziehen, um direkt und nicht mittelbar an der Kraft des Universums teilzunehmen; Gurdjieff nannte die Empfindungen die Eindrucksnahrung. Auch jedes Atom entscheidet sich, Energie aufzunehmen oder zu verweigern, es ist darin frei.

Der Mikrokosmos wird getragen von den vier Attraktoren, die im Hyperkubus der vierten Dimension durch die Mitte gehen. Im Rad bedeutet der erste Attraktor die Beziehung *Empfinden-Körperwelt*, die durch die Mitte geht. Unsere Erfahrungswelt ist auf dem Empfinden, also dem Licht aufgebaut. Doch finden wir das Licht im Dunkel geborgen. Wir müssen die Schlangenkraft erwecken, die am Fuße der Wirbelsäule 3 1/2-mal geringelt schläft.

2. Das zweite Chakra heißt Swaddhistana, Ichchakra, und befindet sich auf der Höhe des Sakrums, japanisch Hara, der Bewegungsmitte des

Körpers. In der embryonalen Entwicklung beginnt hier die Atmung nach der Geburt. Der Sinn des Atmens ist das Riechen als die Fähigkeit, Qualitäten im gasförmigen Zustand zu erkennen. Zwischen Riechen und Atmung entsteht über das Prana die Funktion des *Denkens* als Fähigkeit, die Welt zu artikulieren, in Elemente zu gliedern und die getrennten Sinneswahrnehmungen im Wort bildlich und lautlich zusammenzufügen. Die Energie des Denkens ist elektromagnetisch, sie beruht auf der Zweiheit der Elektronen und ihrem Verhältnis zu den Protonen, die aber erst in der dritten Stufe tragend wird.

Sowohl Bewegung als auch Atmung, sowohl Sehen (mit seinem Wechsel von endlich und unendlich, Fokus und peripherer Schau), als auch Riechen (mit dem Gedächtnis als verfügbarem Wortinhalt) können ohne Bezug auf den Aufstieg der Sushumna angejocht werden; sie sind von außen zu induzieren, zu lenken. Das Kind hat gehen und den Gebrauch seiner Sinne mit Hilfe der Eltern gelernt, auch das Sprechen. Doch nun kommt die Schwelle der Geburt, der Wiedereintritt in den Mutterleib, der aber jetzt nicht mehr die physische Mutter ist, sondern die Erdgöttin.

3. Viele Menschen versuchen ihre Gefühle denkerisch zu manipulieren, vor allem durch das Erfinden von Diäten. Doch das Fühlen liegt hinter der Todesschwelle; es manifestiert sich nicht im Wachen sondern im Traum. Die Vorstellung kann ähnlich wie im REM-Traum – der stellvertretenden Wunscherfüllung – in den Assoziationen des Denkens gefesselt bleiben. Darum heißt es in vielen Überlieferungen, daß der Durchschnittsmensch aus einem falschen Traum erwachen müsse. Im Yoga wird die Geburt durch die Schmerzschwelle verstellt, den Vishnugranthi, den es zu lösen gilt; die Erinnerung an die schmerzliche Geburt hält den Menschen in der Illusion zurück.

Die Stufe des Muladhara wird durch die Asana, Körperruhe angejocht, die Stufe des Swaddhistana durch Pranayama, die Atemrhythmisierung mit dem Mantra. Beide kann man gemeinsam üben. Doch wenn man zum Pratyahara kommt, der Introversion des Fühlens, dann muß das Denken aus der Profitsuche des Überlebens in das give-away der Indianer übergehen. Da ich esse, töte ich und erlebe im Fühlen eine Schuld. Diese kann ich nicht dadurch überwinden, daß ich Vegetarier werde; Salat ist genauso lebendig wie ein Schwein. Ich muß bereit sein mich zu opfern, das heißt meinen Tod zu akzeptieren, indem ich nicht mehr für den praktischen Erfolg lebe, sondern für die Teilnahme am großen Werk, welche das Samyama bestimmt. Diese Teilhabe ist die zweite Geburt. Somit ist nicht Muladhara, sondern Manipura die Schwelle des geistigen Weges.

Das dritte Chakra, Manipura, heißt Stadt der Wünsche. Da diese vom Traum aus das Wachen lenken, also das Bewußtsein von hinten oder links überfallen, verwirklichen sie sich immer, entweder stellvertretend im REM-Traum oder über eine Sehnsucht im Sinne des Körpers. Wer seine Wünsche beherrscht, erreicht Macht sowohl über sich als auch über andere, und oft wird diese zum dritten Feind. Wenn nun Denken und Fühlen sich vermischen, kann das zur Zerstörung und Grausamkeit führen. Wahrscheinlich liegt im Vishnugranthi die Ursache der Erfahrung von Grof, daß Grausamkeit meistens mit den drei schmerzhaften Stufen der Geburt zu tun hat: Wer die Rückbindung als Zugang zur Selbstorganisation nicht fand, will seine Ziele durch Macht über andere erreichen. So ist Macht der gefährlichste Feind, der nur überwunden wird, wenn der Aufstieg ins vierte Chakra Anahata gelingt, die Ruhe hinter der Bewegung durch Vereinigung des Selbstes mit der Kraft der Aufmerksamkeit.

4. Das Chakra des Herzens hat Teil an der Energie, die erst im Tode aufhört. Anahata heißt Nicht-Bewegung, innere Stille. Die Stille ist Voraussetzung des *Wollens*. Wenn ich aus einem Motiv des Fühlens will, dann werde ich gleichsam gewollt: der vierte Feind, die Trägheit. In der chinesischen und indischen Weisheitstradition wird der Wille richtig als Offenheit des Empfangenden verstanden, weil das wahre Subjekt immer Gott als der Mensch im All ist. Wird das Wollen im Sinne der europäischen Philosophie als Stärkung des Bemühens betrachtet – also Strategien rücksichtslos zu verfolgen, auch wenn sie nicht mehr zeitgemäß und im Einklang mit dem persönlichen Läuterungsweg sind –, dann führen ihre Intentionen in den geistigen Tod.

Wollen ist Wahl einer Intention, welche einfällt. Es kann aber auch das Reifen eines Entschlusses bedeuten, von innen her kommend, oder die spontane Entscheidung ohne Grund für eine Handlung – Don

Juans „acting for the hell of it" –, schließlich auch die Stärkung der Aufmerksamkeit, wie es die afrikanische Tradition lehrt. Wollen bedeutet auch tun, aber nicht das Tun des Empfindens, das oft ein Einrasten in bestehende Abläufe ist, wie man etwa beim Jogging die Trägheit zu besiegen glaubt, sondern immer wieder neu zu beginnen, das Leben an der Nahtstelle.

Die Richtung auf Leben und Sterben besteht immer gleichzeitig. Man muß die Identifikation mit den Bewußtseinsinhalten überwinden. Daher ist der Tiefschlaf als Stille in das Wachen zu überführen, damit das Selbst konzentrisch den Aufstieg über Körper, Seele und Geist vollziehen kann, wie er sich in der Kosmogonie darstellt. Mehr Menschen leiden heute an Herzkrankheiten als in den vergangenen Jahrhunderten. Vielleicht kommt das daher, daß die offiziellen Ideologien im Überleben und in der karitativ-materiellen Hilfe eine religiöse Aufgabe sehen. Aber der Mensch ist kein Gefühlswesen, er existiert nur im Wollen und Gewahrsein, im Feuer und im Licht. Darum wird der Himmel als Lichtwelt bezeichnet und die Hölle als brennend. Diese Bilder tauchen spontan in vielen Traditionen auf, oft als statische Befindlichkeiten, wo die Erlösten in ewiger Anbetung verharren und die Verdammten ewige Qualen leiden.

Das Wollen als Individuation, im Unterschied zum sogenannten guten Willen des Fühlens, ist für die Wassermannzeit das Anliegen. Die Esoterik, der Weg der Weisheit, besteht seit jeher. Heute wird er allgemein, da in der technologischen Zivilisation nur der spontan-kreative Mensch seinen Sinn im freien Lebensentwurf schafft. Die Seligkeit des Samadhi ist nicht mehr Aufgabe wie in der Widderzeit, sondern eine Begleiterscheinung, die nicht trägt. Das Wollen ist dunkel im Schlaf. Nur das Dunkel kann das Licht empfangen.

Der Wollende lebt an der Nahtstelle zwischen Leben und Tod; er muß sich der Urkraft, der Selbstorganisation überantworten. Dies ist nur möglich durch Erkenntnis und Gebrauch der Gehirnsysteme, die erst in den letzten fünfzig Jahren entschlüsselt wurden.

5. Die Inder nannten das Chakra des Körpers Vishuddha, Reinheit; jenes der Seele, das innere Auge, Ajna, Gehorsam, und das tausendblättrige Scheitelchakra des Geistes Sahasrara, Ort der Seligkeit und

Begnadung. Der Aufstieg der Kundalini geht bis zum sechsten Chakra, dann erscheint die Begnadung von oben.

In der embryonalen Emanation entsteht der Körper aus der Urzelle und den Keimblättern und entfaltet sich durch 54 Teilungen. In dieser Entwicklung bilden sich drei getrennte Gehirnsysteme, die sowohl in der Evolution als auch in der Erziehung verschiedene Kriterien haben: das Stammhirn des Körpers, das limbische System der Seele und das Großhirn des Geistes. Über das Stammhirn hat man an der Welt der Pflanzen mit ihrem senkrechten Wuchs teil, im limbischen System des Zwischenhirns an der Welt der Tiere mit der Zweiheit von Arterhaltung und Selbsterhaltung und im Großhirn, dem Neocortex, ist die eigentliche menschliche Welt mit der Trennung und Artikulation der vier Bewußtseinsschichten.

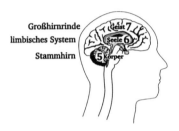

Das Stammhirn verläuft vom Hypothalamus und Kleinhirn bis zum Sakrum im Rückenmark, dem Bewegungszentrum im Hara. Seine Bewußtheit ist unterbewußt im Traum. Nach meiner Auffassung ist das Stammhirn also nicht wie laut McLean ein Reptilhirn, sondern ein Pflanzenhirn. Die Möglichkeit der Entfaltung der Anlage, die die Pflanze vom Samen bis zur Gestalt prägt, ist traumhaft. Wenn die Anlage nicht von außen entfaltet wird – die Erziehung seitens der Eltern kann eine ähnlich negative Rolle haben wie Klimakatastrophen für die Flora –, dann verkümmert das Wachstum seelisch und geistig. Das Stammhirn ist meistens gesund, der Körper nimmt stellvertretend die Leiden des limbischen Systems und des Großhirns, also von Seele und Geist auf sich.

Der Sitz der Aufmerksamkeit ist im Stammhirn, das Wollen (als der seltsame Attraktor) hat nicht nur Zugang zu den Funktionen, sondern auch zu den Bereichen. Ein richtig erzogenes Kind ist immer aufmerksam; ein Mangel ist auf falsche Einflüsse von Eltern und Lehrern zurückzuführen; bei den Lehrern, wenn sie die Stufen nicht kennen, und bei den Eltern, wenn sie ihre seelischen Probleme in der Psyche des Kindes austragen. Der Schwerpunkt des Körpers ist die Achse der Selbstorganisation. Ruhend wird diese durch die Disziplin des Yoga erweckt, in der Bewegung durch die chinesisch-japanischen Kriegskünste.

Entscheidend für die Entfaltung des fünften Chakras ist das Erwecken der propriozeptiven Nerven des Tastsinnes. Man kann von innen her seinen Körper spüren, seine große Zehe, sein Herz und seine Leber. Wenn man im Bereich von Ida, also mental im Sinne des Mondes, eine labile Leibvorstellung entwickelt hat, den kinästhetischen Körper, wird man fähig, die Anlage wirklich zu begreifen und zu entfalten.

Das Wachstum des Körpers setzt sich seelisch und geistig fort. Das Selbst inkarniert sich gemäß der Motivation des vorigen Lebens in einem bestimmten Elternpaar während der Befruchtung und Polarisation. Die besondere Kombination der Erbelemente wird bei der Geburt im ersten Atemzug durch das Horoskop tragend, das bevorzugte zeitliche Assoziationsbahnen prägt. Die gleichen Anlagen können die verschiedensten Ausprägungen zeitigen, so wie Eltern unterschiedliche Charaktere als Kinder haben. Das Selbst der Anlage hat als inhaltliche Bestimmung eine Motivation, die bis zur Schöpfung im Quant zurückreicht. Daher sind die ursprünglichen Ausdrücke der vier Triebe – Nahrung, Sicherung, Aggression und Geschlecht, also die Rückbindung vom Wollen zum Fühlen – entscheidend dafür, daß die Selbstorganisation eingreifen kann.

6. Die beiden Parameter des limbischen Systems sind Lust und Schmerz. Jedes Erleben, das schmerzhaft war, wird im Sinne des bedingten Reflexes ganzheitlich abgeblockt, und jedes lustvolle tendiert nach Wiederholung. Das affektive Gedächtnis, das zu den ererbten Verhaltensweisen hinzutritt, läßt sich als Bogen veranschaulichen: Sobald ein Element des Reflexbogens angeregt wird, läuft der ganze Bo-

gen ab. So ist die affektive Erinnerung des limbischen Systems nicht eine Bibliothek, sondern eine Diskothek.

Nun ist aber die menschliche Erinnerung sprachlich, die Kontinuität des Ichs wird über das Wort erreicht. Hieraus entsteht die paradoxe Situation, daß gefühlsmäßig schmerzhafte Erinnerungen Kraftgewinn bedeuten, wenn ein positiver Sinn darin gesehen und damit geschaffen wird. Die Sprache hat ihre Herkunft in den neun Ziffern der Grammatik, die über Sinn und Unsinn entscheidet. Das Subjekt der Erinnerung ist nicht mehr das Selbst, sondern dieses wird zur erfahrbaren Vergangenheit, indisch zum Karma, das die Inkarnationen überdauert.

Der physisch-energetische Leib hat seine Lebenskraft aus der Selbstorganisation, indisch der Erdgöttin. Der Wortleib hat seinen Ursprung im Urkreuz der Zahlen als Träger der Information, also dem Nullpunkt des Kreises im Ich. Somit kann man die Seele nur anjochen – und das meint der Name Ajna, Gehorsam – wenn man alle Erfahrungen und Erlebnisse im Sinne der Psychoanalyse als sinnvoll, gut und letztlich lustbringend betrachtet. So muß das Leid als Schritt zu einem neuen Sinn, einer neuen Integration positiv bewertet werden. Jedes Trauma der Seele ist ein Schritt auf dem Weg zur Vollendung. Wenn dieser nicht getan wird, dann äußert sich das Trauma anfänglich als Verspannung eines Körperglieds, später als Leiden und schließlich als Krankheit.

7. Der Körper als Schwerkrafterleben ist einfältig, die Seele mit den Parametern von Lust und Schmerz im limbischen System zweifältig. Der Geist, das Sahasrarachakra, ist vierfältig. Er wechselt zwischen den vier Schichten von Wachen, Vorstellung, Traum und Schlaf, wobei Schlaf aktiv die Aufmerksamkeit befreit. Der seltsame Attraktor stellt beim gesunden Menschen während eines Drittels der Zeit, acht Stun-

den, die Vitalität im Tiefschlaf wieder her, soweit dies möglich ist. Jede der Schichten ist durch verschiedene Schwingungsbänder gekennzeichnet:

das Wachen durch die Betawellen zwischen 16 und 32 Hertz;
die Vorstellung durch die Alphawellen von 8 bis 15 Hertz;
der Traum durch die Thetawellen von 4 bis 7 Hertz, und
der Schlaf, aber auch gleichzeitig die Schwingung der Aufmerksamkeit, in den Deltawellen zwischen 2 und 3 Hertz.

Das Subjekt im Gewahrsein schwingt mit 1 Hertz im Sekundenrhythmus, also im Tonwert c, zwischen Beobachtung und Erinnerung, linker und rechter Hemisphäre. Es ist sozusagen Hertz an sich, das kleinste Zeitmaß, das nicht bewußt wird, sondern aus dem Gewahrsein Bewußtsein schafft. Betrachten wir nun die vier Schichten im Großhirn:

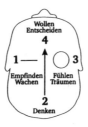

Wir müssen aber das Gehirn nicht geviertelt betrachten, sondern linke und rechte Hemisphäre, vordere und hintere Verbindung zwischen beiden funktionieren jeweils als Hälften. Links, im Wachen, ist das Bewußtsein digital: Die Zeit ist wirklich, die Vergangenheit ist nicht mehr, die Zukunft noch nicht. Rechts, im Traum, ist der Raum als Erinnerung wirklich. Ich kann genauso trauern über ein vergangenes Ereignis wie Angst haben vor einer negativen Erwartung.

Im *Wachen* muß ich mich aller Vorlieben enthalten und die Sinnesdaten akzeptieren wie sie sind nach ihrem Gesetz, also für die Töne der Tonkreis, für die Farben der Farbkreis, für die Materie das periodische System der Elemente. Sie haben keine Substanz, diese liegt nur im Ich, das sie funktionell zusammenfügt.

Im *Traum* muß ich dessen Sprache der vier Elemente und das astrologische Körperbild als Raster kennen, die Bilder nach diesem Schlüssel interpretieren und auf die Zukunft hin deuten. Der Traum hat im Schlaf einen bestimmten Rhythmus, wie folgende Darstellung zeigt (bei acht Stunden Schlaf).

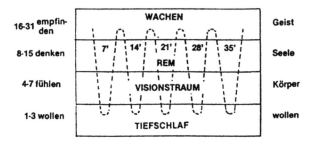

Jede Nacht schläft man fünfmal. Zuerst wandert der Schwerpunkt vom Wachen hinunter in den Tiefschlaf; dann kommt noch jenseits der phänomenologischen Erfahrung der Thetatraum, ein großer Traum im Sinne von Mythos oder Märchen, dann folgt der REM-Traum mit der Tendenz der Wiederherstellung des mentalen Gleichgewichts. Danach geht es wieder zur Schwelle des Wachens, woher der Befehl zum wieder Einschlafen kommt. Die REM-Traumperioden, durch die schnelle Augenbewegung hinter den Lidern erkennbar, sind bei einem achtstündigen Schlaf steigend: 7, 14, 21, 28, 35 Minuten. Währenddessen ist die Alphatätigkeit stärker als im Wachen, wie sich an den Gehirnströmen feststellen läßt.

Die Folge der Traumstufen gibt den Schlüssel zur Einweihung in die griechischen Mysterien, wie bei Asklepios in Kos, die ich in einem anderen Buch beschrieben habe. Das Wachen und die Vorstellung sind bewußt. Der Traum (sowohl als REM wie als Tiefentraum) und der Schlaf sind nicht bewußt, sie müssen ermittelt werden. Die Sprache verlangt Unterscheidung von Meinung und Wissen, die Traumwelt dagegen eine Interpretation. Sie ist bis heute nur therapeutisch untersucht worden, das gleiche gilt für den unbewußten Tiefschlaf.

Im Schlaf, der durch die Aufmerksamkeit in der Ruhe integriert wird, ist der Rhythmus der Deltawellen auch die Spanne, in der eine

Erfahrung zur Erinnerung werden kann, zwischen 2 und 3 Sekunden. Die Schwingung von 1 Sekunde ist das Subjekt des Gewahrseins, es alterniert im Sekundenrhythmus zwischen links und rechts, Erinnerung und Beobachtung. Die Erinnerung ist Integration, sie gleicht der Oktave. Die Beobachtung macht neue potentielle Inhalte bewußt, sie hat als Rahmen den Quintenzirkel.

Die sagittale Teilung des Gehirns macht die Verschiedenheit zwischen Traum und Wachen, Raum und Zeit bewußt. Hier gilt es die rechte unterbewußte Hemisphäre zu erwecken. Die laterale Teilung trennt den vorderen Motorcortex des Wollens vom hinteren sensorischen Cortex der Integration: Er bildet die Grundlage der *Vorstellung*. Vorne wechselt die Aufmerksamkeit zwischen rechts und links, hinten ebenfalls, aber nicht formal sondern inhaltlich. Während für das Wollen nur der Sinn entscheidet, ist hinten die Ebene des Wortes und der Sprache, die Bedeutungsebene. Bild wird zum Wort von rechts nach links (im Gehirn); Wort zum Bild von links nach rechts. Wir sind gewöhnt, die eine Richtung zu akzeptieren, nämlich Worte zu veranschaulichen, etwa bei einem Roman einen inneren Film ablaufen zu lassen. Doch nur die Künstler erlauben sich, die Einfälle in Wort oder Gebärde, in Gestaltung zu verwandeln. Aber wer nicht beide Richtungen kennt, ist nicht imstande, seinen Geist als Sahasrara zu integrieren.

Wahnsinn entsteht, wenn Traumerlebnisse nicht mit dem Wachen zu versöhnen sind. Man könnte den Wahnsinnigen aber dem Stumpfsinnigen gegenüberstellen, der überhaupt an keine Begeisterung, an keine Phantasie herankommt.

Ab dem Fühlen sind die Chakras oberhalb des Bewußtseins. So bedeutet die Beschränkung auf den Rationalismus wie im logischen Positivismus eine mangelnde Integration.

In der Traumwelt ist das Subjekt das Selbst, in der Wachwelt das Ich. Beides sind verschiedene Personen. Die Raumperson ist das Selbst, das seit der Schöpfung als Quant existiert; die Zeitperson ist das Ich, dessen Existenz zwischen Geburt und Tod besteht, das aber den Überstieg in die göttliche Welt des Gewahrseins schaffen kann.

Fühlen, empfinden und wollen kennen keine Entwicklung. Das Wollen führt zu einer höheren Integration, das Empfinden zur Verfeinerung der Sinne, das Fühlen zur Läuterung der Triebe. Nur das Denken wird durch das Gedächtnis von weniger zu mehr. Der Körper ist zu akzeptieren in seinem Grundzustand, der Geist ist Teilhabe am Weltgeist oder Zeitgeist. Nur die Seele kann durch die beiden neuen Leiber – Kraftleib und Lichtleib, begeistern und führen – das Wesen erschaffen.

Während des irdischen Daseins sind die vier Funktionen getrennt. Nach dem Tod kommt man, wie bei den Schlafperioden, an das Wachen immer nur gerade heran, hat aber nicht die Möglichkeit zu wirken. Nach der Geburt ist man über denken und empfinden im Bewußtsein, hat aber Herkunft und Zukunft vergessen.

Der Wortleib des Schreibens und Gestaltens, der allein in der Wassermannzeit zur Unsterblichkeit führt, ist nicht mehr instinktiv oder meditativ zu entfalten. Er verlangt das Wagnis, die Initiation, das Bekenntnis zu einer Rolle im Werk.

Der neue Name Gottes

VI.

I Ging

Die ersten drei Kapitel bestimmen die Theorie des Rades: Das erste die Semiotik der Sprache, das zweite die Kosmogonie der Materie und das dritte die Klärung des Gewahrseins im Yoga. Die nächsten drei Kapitel zeigen die Praxis. Das vierte Kapitel die von China entdeckten Wandlungen, das fünfte die in Babylon von den Chaldäern entwickelte Astrologie und das sechste die von den Juden entdeckten Zefiroth der Kabbala, deren Übungsaspekt ich im Divinatorischen Meisterspiel artikuliert habe.

Wie im indischen Yoga verwenden wir auch im chinesischen Buch der Wandlungen dessen Begriffe, weil es auf Deutsch keine genauen Entsprechungen gibt. Die Bedeutungen weichen deswegen ab, weil Chinesisch eine Bildsprache und nicht eine Lautsprache ist und der I Ging im Gehirnschema an die Stelle der Grammatik tritt:

	DEUTSCH			CHINESISCH	
	Aufmerksamkeit			Aufmerksamkeit/Schlaf	
	Grammatik			I Ging	
Wachen		Traum	Wachen		Traum
Hinweis		Etymologie	Ideo-		Natursymbolik
		Wortwurzeln	gramm		Etikette
	analytische			synthetische	
	Information			Information	

Auf Deutsch wird der Hinweis durch die Laute, die 54 Mitlaute und die 5 Selbstlaute mit den Umlauten bestimmt: Das Lautgebilde ist der Sinnträger und die Bedeutung. Auf Chinesisch wird ein Ideogramm unbegrifflich aus Strichen geschaffen, im höchsten Fall fünf. Der Wortschatz ist bei beiden gleich, siebenhundert Worte zum Zurechtfinden, dreitausend zum Bewähren, zehntausend für die Bildung und sechzigtausend beim großen Dichter, darüber hinaus das wissenschaftliche und technische Vokabular, das schier unendlich ist.

Die Wortwurzeln bestimmen den dichterischen Traumschlüssel, die bevorzugten Assoziationen, die sich nicht ganz in andere Sprachen übersetzen lassen und teils historisch, teils zufällig sind. Die Chinesen verwenden die Natursymbolik, um den Einklang zu wahren. Diese wird durch die Etikette für nicht erfahrbare Zusammenhänge wie menschliche Sitten ergänzt, welch letztere sich nach Maßgabe der Geschichte ändern.

Information und Syntax sind im Deutschen analytisch. Man zerlegt eine Idee in die syntaktischen Bestandteile – Subjekt, Prädikat, Attribut, Komplement – nach Maßgabe der Wortarten und natürlichen Zahlen, wie wir es im ersten Kapitel dargestellt haben. Auf chinesisch steht dagegen die synthetische Information im Vordergrund, die bei uns als Sprichwortweisheit der Grammatik untergeordnet ist: Früh krümmt sich, was ein Häkchen werden will; unrecht Gut gedeiht nicht.

Der Sinn der analytischen Information ist eindeutig, die Aussage zielt auf ein Wissen, eine feststehende Beziehung im Wandel. Auf chinesisch ist nicht die eindeutige Information das Ziel, sondern das sinngemäße Verhalten und die Geschichte; die Einmaligkeit, nicht die Wiederholbarkeit wird zum Paradigma. Jede sprichwortartige Interpretation ist berechtigt.

Auf deutsch ist die lutherische Bibel oder auch jedes Lehrbuch der Physik maßgebend und wird nur unter Schwierigkeiten anders interpretiert. Auf chinesisch ist sogar das heiligste Buch, der I Ging, beliebig interpretierbar, solange es zur richtigen Einstimmung des Menschen zwischen Sinn und Leben, Tao und Te führen kann.

Auf deutsch ist die Grammatik entscheidend. Die deutsche Hochsprache verdankt ihre Struktur Martin Luthers Bibelübersetzung (also dem Jüdischen), der grammatikalischen Begriffsbestimmung von Kant und dem dichterischen Reichtum – sechzigtausend Worte – von Goethe, an welche sich viele andere Sprachschöpfer bis zu Wittgenstein und den Naturwissenschaftlern angereiht haben.

Die chinesische Sprache geht nicht vom Sein, sondern vom Werden aus. An die Stelle der Grammatik tritt das Buch der Wandlungen, der I Ging. Er wurde von einem Paar, Fu Shi und Nü-Kua, zwei Wesen mit

Schlangenleibern, in mythischer Zeit geschaffen. Sie erfanden die Trigramme und Hexagramme. Deutung und Urteile schufen König Wen und der Herzog von Dschou im 13. vorchristlichen Jahrhundert. Seine Reihenfolge im vorweltlichen Himmel gestalteten die kosmogonisch ausgerichtete Schang-Dynastie, von 1100 bis 500 v. Chr. die Dschou-Dynastie, danach kamen die Kommentare von Konfuzius, die sich bis zum Beginn der Fischezeit festigten. Seit der Kulturrevolution des Kanzlers Ssi Me unter dem Tyrannen Huang Ti herrschte bis 1911 der Konfuzianismus, dessen Gegenpole Taoismus und Buddhismus wurden.

In der neu entstehenden Welt der Wassermannzeit ist nun der I Ging in das deutsche Bewußtsein eingetreten, vor allem durch die Übersetzung von Richard Wilhelm. Wir wollen aber den ursprünglichen Zusammenhang dieses Denkens im Rahmen der Weisheit von Sonne, Mond und Erde entschlüsseln, wobei der Schwerpunkt auf dem Mond liegt.

In der Darstellung der Chakras ist die Sonne in der Mitte. Der Mensch hat von der Erde den Kraftleib, von der Sonne den Lichtleib und aus eigener Kraft den Wortleib, der ihn durch die Dreiheit der Denkplaneten und Wollensimpulse zur Wiedergeburt auf der Neuen Erde führen soll.

In der Wilhelmschen Übersetzung ist Tao Sinn und Te Leben. Der I Ging ist das Gesetz des Lebens. Daher ist der entscheidende Faktor nicht die Sonne, sondern der Mond. Betrachten wir den Mond als Träger der *Urkraft* und die Sonne als Symbol des *Urlichts*, so ermöglicht der Mond die Wandlung, die auf das Sein der Sonne bezogen und gerichtet ist.

Der Ursprung des Lebens ist mikrokosmisch der genetische Code. Dieser beruht auf den vier Nucleotiden, die als Speicher, Träger des Wachstums, oder als Grundlage der Vermehrung gelten, RNS und DNS. Sie beruhen auf zwei verschiedenen Prinzipien, dargestellt als Yang, ganzer Strich und Yin, gebrochener Strich. Daß diese Darstellung nicht nur symbolisch ist sondern der materiellen Wirklichkeit entspricht, zeigt das erste Photo eines Gens im Buch von Watson über die Entdeckung der Doppelhelix.

Die Nukleotide vereinen sich zu Triplets, zu Trigrammen, und aus ihnen entstehen die 64 Urworte des Lebens, die für alle Erscheinungen gültig sind.

Während also die Grammatik des ersten Kapitels die Sprache der menschlichen Kommunikation ist, zeigt der I Ging die Grammatik des Lebens, dessen Alphabet die Nukleotide und dessen Wortschatz die 64 Hexagramme sind. Martin Schönberger hat beide gleichzusetzen versucht und damit eine mögliche Übersicht geschaffen.

U ▪ ⚎   C ▪ ⚏   G ▪ ⚍   A ▪ ⚌

bzw. T bei DNS
(Vorläufiger Versuch, Symbole austauschbar)

	U		C		G		A		
U	0	16	4	20	8	24	12	28	U / C
	32	48	36	52	40	56	44	60	G / A
C	1	17	5	21	9	25	13	29	U / C
	33	49	37	53	41	57	45	61	G / A
G	2	18	6	22	10	26	14	30	U / C
	34	50	38	54	42	58	46	62	G / A
A	3	19	7	23	11	27	15	31	U / C
	35	51	39	55	43	59	47	63	G / A

Das in den Genetischen Code umgeschriebene I-Ging

Die Interpretationen von Granet, Wilhelm, Fiedeler und Needham kommen aus einem wissenschaftlich historischen Ansatz. Anders interpretiert wurde das Buch unter der Schang-Dynastie, wieder anders unter der Chou-Dynastie oder im Konfuzianismus. Hier handelt es sich darum, diese Sprache dem Rad als Raster globalen Verstehens einzugliedern. So verlasse ich hiermit den historisch-wissenschaftlichen Rahmen und wende mich der Art und Weise zu, wie die Grundbegriffe aus dem Rad zu bestimmen sind. Das Leben beruht auf der Urkraft, es entstammt der Erde. Die Urkraft äußert sich als Selbstorganisation, das Urlicht als Gewahrsein. Das Urlicht hat als Träger den Himmel und ist galaktisch; die Urkraft hat als Träger die Erde und ist planetarisch. Die Welt des Tages und des Wachens wird von der Sonne gesteuert, die Welt der Nacht und des Traumes vom Mond. Daher ist auch im Yoga Pingala, die physiologische Seite der Chakras, der Sonne zugeordnet, und Ida, die mentale, dem Mond:

		TAO		
		Himmel		
YIN	Mond	Mensch	Sonne	YANG
		Erde		
		TE		

Der Zusammenhang der vierdimensionalen Energie und Materie ist Chi. Es ist besser diesen Ausdruck zu gebrauchen als jenen der Kraft, denn diese ist nur ein Aspekt: Chi bedeutet die durch das Gewahrsein gelenkte Willenskraft der Aufmerksamkeit. So ist Chi letztlich der begreifliche Aspekt des Göttlichen als Born des Wesens.

Lao Tse beschreibt im 42. Vers des Tao Te King die Entstehung der Trigramme folgendermaßen:

Aus der Null entsteht die Eins
Aus der Eins entsteht die Zwei
Aus der Zwei entsteht die Drei
Aus der Drei entstehen die zehntausend Dinge.
Alle Wesen haben im Rücken Yin
Und in den Armen Yang
Zur Erreichung der Großen Harmonie.

Was ist diese Macht des Chi, nur ihrem eigenen Gesetz untertan? In der christlichen Formulierung bei Scotus Eriugena ist sie das dunkle Wollen der Schöpfung. Sie ist für die buddhistische Lehre Sunja, die Null, aus der die Eins entsteht, also die Chiffre der Gottheit. Indisch ist sie das Unerschöpfliche, Brahman, das die endlichen Wesen gebiert. Doch ist Chi für das Gewahrsein auch eine begreifliche und erkennbare Dinglichkeit, die man als den Stoff des Gemüts bezeichnen könnte, woraus das Wesen sich bilden kann. Abstrakt ist es unmöglich Chi zu begreifen, aber konkret gibt es viele Wege der Übung, die einem das Lenken, Bestimmen und Einsetzen des Chi ermöglichen. Im Vers des Lao Tse wird Chi, in unserer Sprache das Einende Eine, vorausgesetzt. Die Null ist Wu Chi, die Eins Tai Chi, folgendermaßen dargestellt:

Wu Chi ist die innere Leere, die durch die Meditation erreicht wird, das reine Sein des Samadhi. Die Eins des Tai Chi birgt in sich die Zweiheit von Yang und Yin, also in unserer früheren Darstellung den Zusammenhang von Selbst und Ich in der Oktave. Bekanntlich ist das Tai Chi-Symbol die einzige Kurvenform, die sich ohne Veränderung der Gestalt verdoppeln oder halbieren läßt, also das Schema der fraktalen Selbstähnlichkeit.

Yang und Yin bezeichnen ursprünglich die lichte und die dunkle Seite eines Berges oder Tales. In der Darstellung von Fiedeler können wir es an Hand der Sonne erkennen:

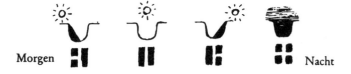

Morgen   Nacht

Der zweite Vers lautet: aus der Eins entsteht die Zwei. Die Eins ist musikalisch Prim und Oktave, also Identität. Die Zwei erscheint als Yin und Yang, die folgende Bedeutungen haben:

YIN	YANG
Kreuz	Kreis
oben nach unten	unten nach oben
gegen Uhrzeigersinn	im Uhrzeigersinn
Ruhe	Bewegung
empfangend	schöpferisch
Auslese	Wandlung
weiblich	männlich
dunkel . . . . Himmel . . . . licht	
Liebe . . . . Mensch . . . . Gerechtigkeit	
weich . . . . Erde . . . . hart	
Mond	Sonne

Das Gewahrsein ist im Chi, die Bewußtheit der Seele und des Denkens in den Assoziationen. So haben wir einen ähnlichen Ansatz wie beim Yoga. Während letzterer mit den Chakras vom einzelnen ausgeht, ist der I Ging allbezogen, aber ebenfalls der Übung zugänglich, wie die chinesischen und japanischen Kriegskünste zeigen.

Das Durchschnittsbewußtsein des auf den Tag beschränkten Menschen hat nur die körpereigene Energie, vergleichbar dem Grundzustand des Atoms, in welchen dieses immer wieder zurücktendiert. Durch die Öffnung, die Verlegung des Schwerpunktes von der körperlichen Hülle auf das Chi, werden sowohl der Lichtpol als auch der Kraftpol durchlässig und die sieben Chakras werden, in den Worten Lao Tses, zu den Löchern einer Flöte, auf der das göttliche Wesen seine Melodien bläst. Durchlässigkeit ist also entscheidend.

Die Erde ist rechtwinklig, weil um die Achse die Richtungen rechts, links, oben, unten, hinten und vorn entstehen und den Raum schaffen. Der Himmel ist kreisförmig, da alle Planeten mit Sonne und Mond Umläufe beschreiben und die Zeit erzeugen. Der Mensch vereint in seiner Geschlechtlichkeit beide Aspekte und wird damit dem Urmenschenpaar gleich: die Konjunktion als Erlösung.

Der I Ging ist gleich der Grammatik oberhalb des Bewußtseins. Man kann ihn nur mantisch durch das Orakel, oder durch Einübung in seine Harmonie begreifen. Er wird durch die Kombination der acht Trigramme – aus der Zwei entsteht die Drei – bestimmt.

Diese acht Trigramme werden durch das Zusammenwirken von Sonne und Mond, Licht und Dunkel verständlich. Licht und Dunkel sind unterschieden. Am Tag ist die Sonne sichtbar, in der Nacht nicht. Die Sonne weiß nichts von der Nacht. Der Mensch hat durch den Mond an beiden teil.

Betrachten wir nun die acht Trigramme. Unten ist die Erde, oben ist der Himmel, in der Mitte ist der Mensch. Durch die Dreiheit hat er das Ziel der Vereinigung beider. Die möglichen Vereinigungen sind durch die acht Urzeichen bestimmt:

1. ☴ Sun, empfinden, Gras und Wind, das Sanfte, das Eindringen, die Sinne.

2. ☲ Li, denken, Holz und Feuer, das Haftende, die Sprache.

3. ☱ Dui, fühlen, der See, das Heitere, die Triebe und ihre Befriedigung.

4. ☷ Kun, wollen, die Erde, das Empfangende, die Kräfte, Nacht, der Neumond.

5. ☶ Gen, der Körper, der Berg, das Stillehalten, der Mikrokosmos.

6. ☵ Kan, die Seele, der Fluß, das Tal, das Abgründige, der Mesokosmos.

7. ☳ Dschen, der Geist, Blitz und Donner, das Erregende, Inspiration.

0. ☰ Kiän, Gewahrsein, Himmel, Zeit, Tag, das Schöpferische, Vollmond, Sonne.

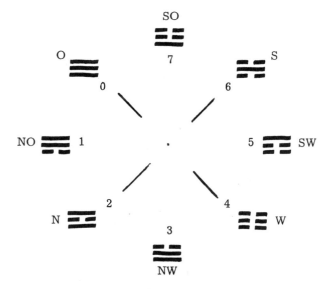

Der Himmel ist bei Nacht sichtbar, die Erde bei Tag. Die Sonne ist das Schöpferische, das Uryang, die Erde ist das Empfangende, das Uryin. Der Born der Wesenswerdung ist die Vereinigung von Sonne und Mond, männlich und weiblich. Wir sind also kosmische Wesen, haben immer an Himmel und Erde teil. Aber die Verhältnisse von Yang und Yin kehren sich ununterbrochen um. Daher kann man nicht durch Erkenntnis, sondern nur durch Übung ihnen ähnlich werden, das heißt seine Geschlechtlichkeit als Zweiheit sowohl körperlich als auch seelisch und geistig akzeptieren. Sonne und Mond sind durch Rahu und Ketu, die Schnittpunkte von Sonnenbahn und Mondbahn, im Metonzyklus miteinander verknüpft. Dieser ist chinesisch der Ursprung aller Geschichte. Nach 19 Sonnenjahren, der Vereinigung von 13 synodischen und 12 tropischen Monaten, wird ein voller Zyklus geschaffen. Dieser entspricht wiederum dem Viertel eines Tages des Weltenjahres, also 72 Jahren.

Der Mond schafft die sich verändernden Linien. Unsere Entwicklung wird also nicht aus der seienden Sonne getragen, sondern aus dem wandelbaren Mond, der stirbt und sich erneuert.

Ich weiche in der Darstellung der Reihenfolge der Trigramme von den beiden chinesischen Ordnungen ab und nehme gemäß dem Rad die *Funktionen* und *Bereiche* als Ausgangspunkt. Die Funktionen sind Yin, die Bereiche sind Yang. 1 oder 3 entscheiden die Qualität eines Trigramms, während 2 folgt. Wir lesen die Trigramme, den Code, von unten nach oben.

☲ 1. Sun, *das Empfinden*. Der entscheidende Strich ist unten, die Sinne nehmen das Äußere wahr.

☲ 2. Li, *das Denken*. Das Aufnehmen ist zwischen innen und außen.

☱ 3. Dui, *das Fühlen*. Das Aufnehmen richtet sich auf die Triebe, die inneren Signale, die ein mangelndes Gleichgewicht als Motiv offenbaren.

☷ 4. Kun, *das Wollen*. Alle drei Striche sind aufnehmend, man erreicht die innere Leere des Neumonds.

Die vier Funktionen sind nullhaft. Das Ergebnis einer Empfindung, etwa des Sehaktes, endet in der Bereitschaft zu neuer Wahrnehmung. Das gelöste Problem des Denkens wird zum Gedächtnis, ich kann ein neues angehen. Der befriedigte Trieb existiert nicht mehr, ein anderer nimmt seine Stelle ein. Die getroffene Entscheidung, der Entschluß, die Wahl führt mich zu einer neuen Integrationshöhe, von der ich in neuer Weise handle.

Alle vier Bereiche sind einshaft, sie existieren.

☶ 5. Gen, *der Körper*, hat seine bestimmte genetische und organische Struktur. Der entscheidende Strich ist innen-oben.

☵ 6. Kan, *die Seele*, besteht zwischen oben und unten im Beziehungsgefüge der Urfamilie.

☳ 7. Dschen, *der Geist*, ist außen, das Chiffrenlesen der Inspiration, also Deutung.

☰ 8/0. Das Schöpferische, *der Zeitgeist*, ist gegeben. Alle Striche sind stark. Sein göttliches Subjekt ist momenthaft, aber sein Inhalt ist ein Einfall, eine Vision im Vollmond, wenn das Licht der Sonne zur Gänze aufgenommen wird.

Nur wo Dunkel ist, gibt es Licht. Die Bilder haben die Taoisten als Komponenten der inneren Schau des Traumes entschlüsselt. Ich erreiche sie, wenn ich mich frage und aus der Imagination der Traumsphäre antworte.

1. Empfinden: Was ist meine Wiese?
2. Denken: Was ist mein Haus? Die Sprache schafft soziale Beziehung.
3. Fühlen: Wie ist mein See? Ist er klar, kalt oder warm?
4. Wollen: Was ist meine Höhle, die Erfahrung der Leere?
5. Körper: Wie ist mein Berg, wo bin ich auf ihm, auf dem Gipfel oder noch unten?
6. Seele: Wo bin ich in meinem Lebensfluß, der sich seinen Weg vom Berg bis zum Meer bahnt?
7. Geist: Wie verhalten sich der alte Mann oder die alte Frau, die mir den Weg zeigen?
(8) Das Schöpferische ist kein Bild, sondern das Wirken im Einklang mit Sinn und Leben, Tao und Te.

Die Trigramme stehen in dem Viereck, welches das Rad umgibt. Sie eröffnen den Zugang zu den jenseitigen Potenzen:

Sun, das Sanfte ist der Zugang zu den Musen, zur Gestaltung.

Li, das Haftende offenbart die Mitte des Nachthimmels, der Weisheit und der Tiere.

Dui, das Heitere ist der Zugang zum Engel, das Vertrauen in die Befriedigung der eigenen Wünsche ohne schlechtes Gewissen.

Kun, das Empfangende zeigt das Beharrende im Wandel und den Zugang zu den Mächten der Steine und des Minerals.

Diese vier sind in der Nacht zugänglich, also über den Mond.
Die nächsten vier gehören zum Tag, zur Sonne.

Gen, das Stillhalten wird erlebt als Zugang zur Kraft der vier Elemente, als Eintritt in die magische Welt.

Kan, das Abgründige des Tales kann nur mit Hilfe der Macht der Pflanzen durch Vertrauen und Unschuld integriert werden.

Dschen, das Erregende, zeigt den Zusammenhang mit den Ahnen, mit der Geschichte.

Kiän, das Schöpferische ist der Himmel, das Erleben des ewigen Augenblicks, der einen trägt und die Richtung gibt. Das Licht des Ostens ist die Offenbarung.

Nacht und Tag, Mond und Sonne stehen im Metonzyklus im Zusammenhang und werden durch die zwölf Rauhnächte integriert. Doch das Wesen des Göttlichen und des Geschlechtlichen ist die Zweiheit, die nach Vereinigung sucht. Der Weg hierzu als Weg des Mondes geht über zwölf Stufen, sechs am Tag und sechs in der Nacht. Hierher rührt die Bedeutung der Hexagramme, der Urworte des genetischen Codes. Formal lassen sie sich als zwei Sechstonleitern begreifen:

Diese wandeln sich ineinander durch Quinten oder Quarten, Quinten als *Veränderung* und Quarten als *Umgestaltung* in der Verdeutschung von Richard Wilhelm.

Die Zeichen folgen einander im Wechsel von solar und lunar:

1 solar, 2 lunar, 3 solar, usw. Ferner sind sechs der Zeichen und Doppelstunden nachts, sechs sind tags. Dies erklärt die Symbolik der Hexagramme, die waagrecht als Mondbahn zu erkennen sind.

Wir verstehen sie waagrecht als den Weg der Erde, des Menschen, des Himmels und des Sinnes. Sie werden im Jahreskreislauf zu den acht Festen des Steinkreises, wie wir später begreifen werden. Die Mondzeichen sind Widder, Stier, Zwillinge, Krebs, Löwe, Jungfrau, die Sonnenzeichen Fische, Wassermann, Steinbock, Schütze, Skorpion, Waage. Osten und Westen, Aszendent und Deszendent bezeichnen die Umkehr der Richtungen. Der Sonnenlauf ist Yang, der Mondlauf ist Yin. Der höchste Punkt der Sonne ist die Sommersonnenwende, der höchste Punkt des Vollmonds die Wintersonnenwende.

Alle Offenbarung kommt aus dem Nachthimmel, die Lichtpunkte der Konstellationen sind die fraktalen Keime aller Gestaltung. Durch die Sonne werden sie zu Schöpfungen, der Traum des Mondes wird irdische Wirklichkeit.

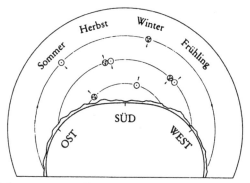

Polares Weiten und Zusammenziehen der Sonnen- und
Vollmondbögen im Jahreslauf

Über die Sonne erlebe ich die Intention, über den Mond die Motivation. Die Sonne symbolisiert den persönlichen Wesenskern, der Mond das Seinserbe aus allen früheren Inkarnationen. Der Kreislauf folgt dem Jupiter als Ureinheit:

	Sonnenjahr	*Jupiterjahr*
I.	Widder	Ratte
II.	Stier	Büffel
III.	Zwillinge	Tiger
IV.	Krebs	Katze
V.	Löwe	Drache
VI.	Jungfrau	Schlange
VII.	Waage	Pferd
VIII.	Skorpion	Ziege
IX.	Schütze	Affe
X.	Steinbock	Hahn
XI.	Wassermann	Hund
XII.	Fische	Schwein

Die fünf Planeten, die den persönlichen raumzeitlichen Lebensweg des Menschen beeinflussen, sind:

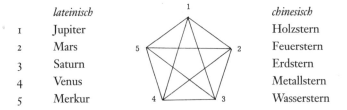

	lateinisch	*chinesisch*
1	Jupiter	Holzstern
2	Mars	Feuerstern
3	Saturn	Erdstern
4	Venus	Metallstern
5	Merkur	Wasserstern

Die Planeten bestimmen die Wandlungsstufen ‚Hsing'. In der äußeren Figur des Pentagramms ernährt Holz das Feuer, das Feuer befruchtet die Erde, die Erde läßt wachsen und bringt aus dem Samen hundertfältige Frucht. In der Erde läutert sich das Metall, das Metall läßt sich verflüssigen und kondensiert das Wasser, und das Wasser befruchtet wieder das Holz. Das Pentagramm ist die Grundlage der Akupunktur, die Krankheit als Stagnation betrachtet und mittels der inneren Figur heilend eingreift: Metall zersägt das Holz, Wasser löscht das Feuer, das Holz integriert die Erde, das Feuer schmilzt das Metall, und in der Erde versickert das Wasser.

So zeigt der I Ging die Einstimmung des Menschen in die Ganzheit von Himmel und Erde, Sonne, Mond und Planeten. Doch das Buch der Wandlungen ist ferner ein Mittel, wodurch man eine Situation mantisch, also über das Orakel erkennt. Zum Verständnis müssen wir die Urteile bestimmen und die fünf Reifestufen, die durch die kosmogonische Schichtung zu begreifen sind.

Der chinesische Kalender vereint die Planeten als Wandlungsstufen mit den Tierkreiszeichen des Mondjahres, zum Beispiel:

1922	Wasserhund
1923	Wasserschwein
1924	Holzratte
1925	Holzbüffel
1926	Feuertiger
1927	Feuerkatze
1928	Erddrache

Der neue Name Gottes

1929	Erdschlange
1930	Metallpferd
1931	Metallziege
1932	Wasseraffe
1933	Wasserhahn
1934	Holzhund
usw.	

Dieserart vereinen sich Zwölfer- und Zehnersystem. Das Jahr ist nach den zyklischen Zeichen gegliedert, doch die Bedeutung der Symbole folgt nicht der Sonne, sondern dem Mondzyklus und hat den Schwerpunkt bei Neumond.

Wie findet sich nun der Mensch in der Vielfalt der Kriterien zwischen Sonne, Mond, Erde und Himmel zurecht? Das Leben, *Tè*, ist kombinatorisch, der Sinn, *Tao*, beruht auf den Ziffern.

Ich muß den Himmel etwas fragen, was ich nicht weiß. Aber nicht im europäischen Sinne Auskunft erheischen über das, was passieren wird – wie viele Menschen den I Ging mißverstehen – sondern um zu erkennen, was der Keim des Augenblicks ist. Der Keim offenbart sich aus der Nacht des Unbewußten, nicht aus dem Tag der Überlegung.

Es gibt zwei Orakelformen: das Stäbchenorakel und das Münzorakel. Das Stäbchenorakel der Schafgarbe geht von 49 Elementen aus, das Münzorakel von 2 und 3 als Zahlen. Der Himmel hat die Zahl 3, die Erde die Zahl 2. Bezeichne ich bei der Münze Zahl als 3 und Bild als 2, so gibt es folgende Kombinationen:

die Wandlung:

Zahl – Zahl – Zahl, $3 + 3 + 3 = 9$

Bild – Bild – Bild, $2 + 2 + 2 = 6$

Das junge Yang (Summe 9) und das junge Yin (Summe 6) wandeln sich.

Zahl – Bild – Bild, $3 + 2 + 2 = 7$

Bild – Zahl – Zahl, $2 + 3 + 3 = 8$

3 ist die Zahl der Wandlung, der Quinte in der Musik. 2 ist die Oktave, die Zahl der Identität, der Ruhe und der regelmäßigen Schwingung. 6 wandelt sich in 7, 9 wandelt sich in 8, 6 auf 7 heißt *Veränderung*, 9 auf 8 *Umgestaltung* in der Wilhelmschen Übersetzung.

Hiermit werden die vier Kriterien der Kosmisierung des Chaos durch die Attraktoren veranschaulicht. Aus der Kosmologie und den Chakras können wir die Bedeutung dieser Zahlen verstehen.

Ich will in diesem Buch nicht die chinesischen Traditionen nach-zeichnen, sondern die von ihnen entdeckte Weisheit im Sinne des Rades artikulieren:

6 ist die Zahl der Urfamilie. Aus der Ruhe der Familie entsteht die Wandlung. Die Sippe verkörpert die genetische und geistige Konti-nuität, sie hat eine gerade Zahl und wird zur ungeraden. Wenn in der Familie eine Individualität entsteht, sprengt sie diese.

Die 7 bedeutet die Vereinigung von Urkraft und Urlicht in den Chakras und hat ihren Schwerpunkt im Herzen, in der Sonne. Die In-dividualität kann ihren Wert nur im Werk, in der Einstimmung in das Große Ganze finden.

Die 8 ist der Offenbarungskreis oder besser das Offenbarungsvier-eck. Durch Einstimmung in die 8 findet das Wesen seine ganzheitliche Ordnung. 8 ist die mikrokosmische Zahl von Mond und Sonne.

Die 9 ist die Zahl des Entwurfs. Ein Ding oder eine Methode wird Teil des Wesens, wie bei Einstein die Relativitätstheorie. Die Vereinze-lung wird aufgehoben und in die 8 aufgenommen.

DAS MÜNZENORAKEL

Ich würfle mit den Münzen sechsmal, indem ich eine Frage stelle, wie ich Te und Tao, meine augenblickliche Motivation mit der richtigen In-tention vereinen und in den großen Zusammenhang führen kann. Das Hexagramm ist mit sechs Würfen vollendet. Da Ergebnis ist ein Sym-bol, das vierfältig zu interpretieren ist: 1. als Struktur durch die Trigramme; 2. als Urteil; 3. als Bild, das auf analogen Zuordnungen be-ruht und die Phänomenologie der Traumwelt spiegelt, und 4. als Urteil zu den einzelnen Linien. Würfle ich eine 7 oder 8, dann bleibt die Linie gleich. Würfle ich dagegen eine 6 oder eine 9, dann verwandelt sie sich in eine 7 bzw. 8.

Es handelt sich beim I Ging nicht um einen heiligen Text im Sinne der Veden oder der Bibel, sondern um die Yang-Yin-Struktur des Universums. Wie der Mensch glücklich ist in der körperlichen Vereinigung der Liebe, ist jedes Wesen des Alls glücklich, wenn es einen neuen Schritt vom Te zum Tao vollzieht. Ein Schritt in diese Richtung heißt *Heil*, ein Schritt dem Tode zu *Unheil*.

Heil und Unheil sind für die kosmogonischen Stufen verschieden, an denen der Mensch teilhat und woran er sich nicht fixieren sollte.

5	Heiliger Weiser	Gott
4	Berufener	Mensch
3	Edler	Tier
2	Würdiger	Pflanze
1	Gemeiner	Mineral

Der *Gemeine* fragt nur nach Nutzen und Schaden. In der verflossenen Fischezeit war der *Edle* der Beamte, der Mandarin, der durch Würde und Ehre gelenkt wurde und sich selbst richtete. Dagegen wurde der Gemeine belohnt oder bestraft. Ein Mandarin-Edler kam auf zehntausend Gemeine. In der Wassermannzeit ist diese Hierarchie nicht mehr gültig, sondern jeder lebt auf allen Stufen und muß aus seiner gegebenen Anlage seinen Weg schaffen. Wie bei der früheren Schang Dynastie vor Beginn der patriachalischen Religion ist der Geist nicht über den Taghimmel und die geprägte Gesellschaft, sondern über den Nachthimmel und damit die Inspiration zugänglich. Diese setzt aber vom praktischen Leben an, und das ist für jeden irgendeine Arbeit an der mineralischen Welt. Wir sind alle Arbeiter, nicht mehr Herren im Sinne der Fischezeit. Auch Gott ist ein Arbeiter und kein Herr, die Verwirklichung des Menschen im All ist konkret zu verstehen.

Der *Würdige* ist jener, der sein materielles Leben gesichert hat und sich nun gleich der Pflanze entfalten will. Er sucht nach Bildung, ahmt solche Menschen nach, die ihm seinen Weg zeigen können, liest die entsprechenden Bücher, macht Reisen. Er kennt noch keine Verantwortung für andere. Sobald einem etwas Neues begegnet, wird man zum Würdigen.

Der *Edle* weiß, daß das Leben keinen Sinn hat, wenn er ihn nicht selber schafft. Jeder ist potentiell ein Edler, das heißt ein Tier, das in Einklang zwischen Selbsterhaltung und Arterhaltung vornehm lebt und weder in der einen noch in der anderen Richtung über das Ziel hinausschießt. In konfuzianischer Sprache ist er Maß und Mitte. Wer nur nach Reichtum strebt, wirkt für die Menschheit ebenso zerstörend wie jener, der andere vermeintlichen kollektiven Idealen unterordnet. Ich ist der Ausdruck der Arterhaltung, Selbst der Selbsterhaltung. Bei den Tieren sind sie im Gleichgewicht, der Mensch muß dies über die Einsicht nachvollziehen. Daher ist das falsche Ichbild ebenso zu überwinden wie die funktionale Selbstvorstellung – ich bin ein Professor, ein Adeliger, ein Protestant – denn nur aus Motivation, *Te*, und aus Intention, *Tao*, läßt sich der Weg ermitteln. Er ist nicht auf das Überleben und den Erfolg gerichtet, sondern auf die Teilnahme am Werk der Menschheit.

Reichtum und Macht sind falsche Abstraktionen. Der Mensch findet seinen Weg in die Unsterblichkeit nur im historischen Wirken, wenn er an den Toten anknüpft und selbst durch seine Leistungen zum Ahnen wird. Das führt uns in die vierte Stufe des *Berufenen*.

Der Mensch ist galaktisch. Er kann durch Kenntnis des I Ging, der keimhaften Urgründe, seine Entscheidungen oberhalb der Überlebenstriebe verankern. Galaktisch leben heißt zu wissen, daß die Kreativität nicht dem eigenen Inneren entstammt, sondern als Geist und empfinden von außen, von den Bildern des Himmels und den Problemen der Erde anhebt. Als Tier kann man menschlich gleichsam mechanisch funktionieren, doch wird man unglücklich. Viele Menschen fanden während der ideologischen Ost-West-Auseinandersetzung ihren Sinn im Kampf gegen den Feind. Sie verschlossen sich damit den Weg in die Phantasie, in die Imagination des geistigen Traumes, aus dem das Licht im gleichen Sinne aus dem Nachthimmel kommt wie das innere Licht des genetischen Codes. Aber über die menschliche Leistung und Bewährung hinaus hat der einzelne an der fünften Stufe der Synchronizität, dem ewigen Augenblick der Gottheit teil, die der *Heilige Weise* erfährt.

Der neue Name Gottes

Der Zugang zur fünften Sphäre, der coincidentia oppositorum, ist die Vereinigung von Yin und Yang, da auch in jedem Menschen weibliche und männliche Komponenten leben; die Liebe ist das einzige echte Ziel der Kommunion und der Kosmisierung.

Im *Gemeinen* bezieht sich das Urteil auf Nutzen und Schaden, beim *Würdigen* auf Lernen und Bildung, beim *Edlen* auf Kampf und Scheitern, beim *Berufenen* auf Leistung und Hingabe, doch in der göttlichen Stufe des *Heiligen Weisen* auf Liebe. Der Heilige Weise ist im Einklang mit dem All. Ihm geschieht nichts und von ihm geht nichts aus, was nicht im Sinne der Liebe wäre. Für ihn sind die Wandlungen Teil der Offenbarung. Er ordnet nach ihnen die Welt, taoistisch durch sein Dasein, konfuzianisch durch den Einklang seines Verhaltens mit den Gesetzen der Musik und den großen Vorbildern von Makrokosmos und Mikrokosmos. Der Berufene sorgt dafür, daß die Welt so wird, daß jeder als Edler leben und seinen eigenen Weg schaffen kann. Der Edle ist der Mensch des Weges und die meisten Urteile des I Ging beziehen sich auf die Stufe des Edlen.

Zu dem Orakel werden einerseits die Naturbilder gefügt, die ein analoges Verhalten nahelegen und die in den verschiedenen Textschichten mit der damaligen Etikette als Ergänzung des Naturverständnisses versehen wurden. Dieser Text ist nicht heilig; er muß immer nach den Koordinaten des Zeitgeistes verwandelt werden. Eine Reihe von Urteilen bestimmen das sinngemäße Verhalten.

Heil	Unheil
erhaben	Reue
fördernd	Scham
Beharrlichkeit	
Erfolg	
Gelingen	
Fortschritt	Rückschritt
Großes Wasser durchqueren	
drei Tage vor und nach dem Anfang	
kein Makel	

Heil bedeutet im Einklang zu sein mit dem Zeitgeist, *Unheil* gegen den Zeitgeist. Für die Stufen des Gemeinen, Würdigen und Edlen sind Heil und Unheil oberhalb des Bewußtseins. Heil mag etwa gewesen sein, mit Marshallplangeldern 1950 eine Industrie in Stuttgart zu beginnen, Unheil, ein sozial gesinnter Großgrundbesitzer in Ungarn 1945 beim Einmarsch der Russen; da hilft nur die Flucht. Doch der Berufene und der Heilige Weise können auch das Schicksal verwandeln.

Über den Stufen steht der Große Mann, der als Edler ohne Stellung ihr Handeln im Weltganzen erklären kann. Man sucht ihn auf, um Rat zu finden. In manchen Zeiten ist es günstig ihn aufzusuchen, manchmal fördernd, manchmal muß man ihn sehen und manchmal ist der Große Mann selbst angesprochen.

Erhaben bedeutet nur in den Anfängen zu entscheiden, weil alles Laufende bereits zeitlich vorbestimmt ist. So pflegten chinesische Historiker jedes Ereignis fünfundzwanzig Jahre, zu den Keimen, vorauszudatieren.

Fördernd ist Beharrlichkeit; fördernd bedeutet zu sorgen, daß jeder Mensch und jedes Ding seinen richtigen Platz in der kosmischen Ordnung findet.

Die negativen Urteile *Reue* und *Scham* bedeuten, daß man bei ersterem auf einem guten Wege war und abgewichen ist, aber wieder zurückfinden kann; Scham, daß man den falschen Weg gewählt hat und die Folgen tragen muß.

Gelingen heißt: es regnet. Vom Himmel wird man gesegnet. Fortschritt ist einsichtig. Doch *Rückschritt*, für den Gemeinen negativ, ist für den Edlen wesentlich. So gibt es eine Reihe von Zeichen, die zwei Interpretationen haben: *ungünstig* für das bürgerliche Leben, aber *günstig* für das geistige; so 54, Das Heiratende Mädchen, 38 Der Gegensatz und 44 Das Entgegenkommen, wo die Zeit immer groß genannt wird.

Das Große Wasser durchqueren bedeutet, daß die eigene Handlung nicht nur die persönliche Leistung, sondern auch die Ahnen einbeziehen muß. Das Wasser umgab den Ahnentempel; oft will man seinen Vorfahren etwas beweisen, und dann liegen die Wurzeln der Motivation im Familienkarma und nicht im persönlichen.

Drei Tage: die Tage des Schwarzmondes und der Heilung. Man muß die Handlung ganz neu beginnen, wie das neue Jahr oder einen Monat, ohne an die Vergangenheit zu denken.

Jedes der 64 Zeichen enthält ein Urteil, ein Bild und die einzelnen Linien mit Einzelurteilen. Man fragt nicht, was passieren wird, sondern wie man zwischen Tao und Te im Einklang ist. Psychische Probleme existieren nicht, da der Mensch nicht auf der tierischen Ebene seinen Sinn finden kann. Lichtleib und Kraftleib, makrokosmische Eingebung und mikrokosmische Neigung, sind nur im Werk zu vereinen. Daher muß jede Situation ganzheitlich verstanden werden, durch Einbeziehung ihres Gegenteils.

Dies findet seinen Niederschlag in den vier Wegen der Lauernden Zeichen: dem Weg der Erde, der vom Körper und vom Fühlen ansetzt. Dem Weg des Menschen, der von denken und Seele beginnt; dem Weg des Himmels, der im Geist und empfinden den Ansatz hat, und dem Weg des Sinnes, des Tao, der Teilhabe an der Offenbarung bedeutet und die Brücke zur Neuen Erde bildet.

Wir wollen diese vier Wege nun im einzelnen schildern. Wenn man ein Zeichen gewürfelt hat, so zeigt das Gegenzeichen jene Menschen, zu denen man im Augenblick in Polarität steht. Bei vielen Menschen kann man analytisch erkennen, in welcher Situation sie sich befinden, indem man funktionell fragt: Was ist die Einstellung nach innen (das untere Trigramm) und was jene nach außen (das obere) und dann schaut, ob man die Mentalität verändern sollte.

Die Mentalität schafft sowohl persönliche Befindlichkeit als auch das Schicksal. Ändere ich meine Einstellung, so verändert sich mein Weg. Der gemeinsame Raster aller Wege sind die zyklischen Zeichen, die den Rahmen der traditionellen chinesischen Regierung gebildet haben und damit auch der Geschichte. Der Kaiser zog im Ming Tang von Zimmer zu Zimmer und gab in jedem Monat einer anderen Gruppe Audienz. Gab es keinen Würdigen, dann blieb etwa der Stuhl des Musikmeisters durch sechzig Jahre leer, wie einmal während der Chou-Dynastie.

Betrachten wir den Zusammenhang aus der Wassermannzeit, dann ergibt sich folgender Plan, wobei das Jahr um ein Achtel konstellationsmäßig zur Widderzeit geneigt ist, wie es die Chinesen von Anfang an verstanden: das Neujahrsfest ist im Wassermann.

I.   11, Friede, Technologie, Zivilisation, Wassermann, Hund.

II.   34, Des Großen Macht, Heilung, Fische, Schwein.

III.   43, Durchbruch, Politik, Widder, Ratte.

IV.   1, Das Schöpferische, Kunst, Stier, Büffel.

V.   44, Entgegenkommen, Wissenschaft, Zwillinge, Tiger.

VI.   33, Rückzug, Heim, Krebs, Katze.

VII.   12, Stockung, Spiel und Erziehung, Löwe, Drache.

VIII.   20, Betrachtung. Wirtschaft, Jungfrau, Schlange.

IX.   23. Zersplitterung, Recht, Waage, Pferd.

X.   2, Das Empfangende, Tod, Skorpion, Ziege.

XI.   24, Wiederkehr, Religion, Schütze, Affe.

XII.   19, Annäherung, Staat, Steinbock, Hahn.

Die chinesischen Tierkreiszeichen sind auf 15 Grad bezogen, die chaldäischen auf 0 Grad jedes Zeichens. Die chaldäischen haben ihren Ursprung in der Sonne, die chinesischen im Mond und Jupiter. Sie gelten für Jahrgänge, wobei sich das Mondjahr jeweils um die Heiligen zwölf Nächte verschiebt. Die zyklischen Zeichen bedeuten den Fortschritt des Lichts im Mond. Im Stier ist Vollmond, das *Schöpferische*. Daher ist im Wassermann der zunehmende Halbmond, *der Friede*, im Löwe der abnehmende Halbmond, die *Stockung*, und im Skorpion, dem Haus des Todes, der Schwarzmond oder Neumond, *das Empfangende*, mit welchem jedes Tierkreiszeichen beginnt.

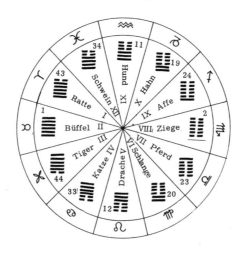

Der neue Name Gottes

Das Ziel des Daseins ist die liebende Vereinigung, von der sexuellen bis zur geistigen. Der Mensch kann Ich und Selbst nur im Wesen vereinen und im Werk leben, wenn er zu jedem Zustand den Gegensatz kennt, der ihm als Mitmensch und Lage begegnet. So gibt es die 32 Lauernden Zeichen, und diese, 4 x 16, zeigen die vier Wege an, die aus dem I Ging ein Weisheitsbuch machen, einen Leitfaden, durch welchen Gegensatz man jegliche Situation in Sinn und Leben, in Tao und Te, verwandeln kann und das Subjekt im Gewahrsein, den schöpferischen Keimen, fixiert.

Wir beginnen mit dem Weg der Erde.

YIN   YANG

I. WEG DER ERDE

die Nachfolge	17	䷐	18	Arbeit am Verdorbenen
die Erschöpfung	47	䷮	22	die Anmut
die Werbung	31	䷞	41	die Minderung
der Durchbruch	43	䷪	23	die Zersplitterung
das Heitere	58	䷹	52	das Stillehalten
die Umwälzung	49	䷰	4	die Jugendtorheit
Des Großen Übergewicht	28	䷛	27	die Ernährung
die Sammlung	45	䷬	26	des Großen Zähmungskraft

I. WEG DER ERDE

17/18 – Der Ausgangspunkt ist die Nachfolge: Ein älterer Mann stellt sich unter ein junges Mädchen, die eigene kindliche Seele, um es dadurch zur Nachfolge zu bewegen. Damit wird die falsche Abhängigkeit von den Eltern überwunden, denen man fortan in der Arbeit am Verdorbenen dankt für das, was sie verfehlt haben; ihr Mangel wird zur Kraft der eigenen Verwirklichung, in Goethes Worten die Produktivität des Unzulänglichen.

47/22 – Wer sich vom bisherigen Schutz der Eltern abwendet, verfällt in Erschöpfung, der man aber nicht nachgeben darf: So setzt der Edle sein Leben daran, um seinem Willen zu folgen. Hierdurch erreicht er Einfachheit und Anmut, versteht die Form des Himmels und der Erde: damit kann er die Welt gestalten.

31/41 – Hierzu bedarf er der Hilfe der andern, es gilt im Zeichen Werbung deren Bedürfnisse zu erfüllen: So nimmt der Edle durch Leere die Menschen auf. Damit erreicht er in der Minderung die Fähigkeit, mittels kleinen Opfern die nutzlose Kritik des Charakters in eine sinnvolle Kritik der Leistung zu verwandeln.

43/23 – Jede neue Leistung ist eine eigene Wahrheit, die gefährdend in den früheren Zusammenhang eindringt: der Durchbruch. Gefahr. Der Wahrheit gemäß muß es verkündet werden. Man darf nicht zu den Waffen greifen, sondern die eigene Stadt benachrichtigen – sich selbst läutern. So gilt es, in der Zersplitterung die sterbende Ordnung so wenig als möglich anzugreifen, sonst wird man selbst in den Untergang mitgerissen.

58/52 – Hat man sich hiermit auf sich selbst beschränkt, so erreicht man im Heiteren die Anerkennung seiner Triebe, des Fühlens, das allein die Anlage des Körpers im Stillehalten zugänglich macht.

49/4 – Wer seinen Körper und dessen Potentialität über das Stillehalten ergriffen hat, wird nun seine Wahrheit als Umwälzung, als Konzeption einer neuen Zeitplanung im richtigen Augenblick aktualisieren. Hieraus wird er in der Jugendtorheit alles in Frage stellen ohne Rücksicht auf die Antworten, die früher gegeben wurden.

28/27 – Dieser Mut verlangt schnelles Handeln in des Großen Übergewicht; man erlebt seine Einsamkeit, wird nicht mehr von anderen unterstützt. Gerade damit erlangt man die Fähigkeit, seinen Keim richtig zu ernähren.

45/26 – Wer hierzu imstande ist, kann andere zur Mitarbeit am Werk sammeln. Erst danach wird er in des Großen Zähmungskraft in fremde Dienste treten und entsprechend anerkannt: Der Lehrling wird zum Gesellen, es beginnt der Weg des Menschen.

YIN   YANG
II. WEG DES MENSCHEN

das Durchbeißen	21	䷔ ䷯	48	der Brunnen
vor der Vollendung	64	䷿ ䷾	63	nach der Vollendung
der Wanderer	56	䷷ ䷺	60	die Beschränkung
Besitz von Großem	14	䷍ ䷇	8	das Zusammenhalten
der Gegensatz	38	䷥ ䷞	39	das Hemmnis
das Haftende	30	䷝ ䷜	29	das Abgründige
der Tiegel	50	䷱ ䷂	3	die Anfangsschwierigkeit
der Fortschritt	35	䷢ ䷄	5	das Warten

II. Weg des Menschen

21/48 – Der Weg der Erde schützt den Menschen als Lehrling, der Geselle muß sich im Weg des Menschen durchsetzen. So steht am Anfang das Durchbeißen, die Auseinandersetzung mit der Welt, es gibt Hindernisse zu überwinden. Über diese Bewährung erreicht man im Brunnen die Inspiration, die von unten kommt. Er findet sich überall; man mag die Stadt wechseln, aber man kann nicht den Brunnen wechseln. Er nimmt nicht ab und nimmt nicht zu. Doch muß man die Methoden kennen, wie man die Inspiration heraufholt: Wenn das Seil zu kurz ist oder der Krug bricht, ist Unheil die Folge.

64/63 – Nur wer zum Brunnen Zugang hat, kann in der Gesellschaft mitwirken. Im Zeichen vor der Vollendung muß er sich bemühen, daß alles auf seinen richtigen Platz kommt; im Gegenzeichen nach der Vollendung wird ihm klar, daß das bestmögliche Gleichgewicht – alle Linien sind auf ihrem Platz – nicht in die ideale Gesellschaft, sondern in die Verwirrung führt. Es gibt keine statische Vollendung.

56/60 – So wird der Geselle zum Wanderer, der von Ort zu Ort eilt und seine Arbeit anbietet. Nicht von außen hat er sein Maß, sondern von innen in der Beschränkung. Doch soll er dabei nicht zu streng mit sich sein: bittere Beschränkung darf man nicht beharrlich üben.

14/8 – Wer sein Maß gefunden hat, der hat Besitz von Großem und wird als Edler fähig, an der Schöpfung mitzuarbeiten: So hemmt der Edle das Böse und fördert das Gute und gehorcht so des Himmels gutem Willen. Erst in dieser dynamischen Einstellung wird er Mitte des Zusammenhaltens; hierbei muß er prüfen, ob er tatsächlich rein ist, dann werden alle ihm folgen.

38/ 39 – Die Erkenntnis von Gut und Böse bringt ihn in Gegensatz; er ist nicht länger Kamerad, sondern muß bei aller Gemeinschaft seine Besonderheit wahren. Das Verstehen dieses Hemmnisses stärkt seinen Charakter: Er wendet sich der eigenen Person zu.

30/29 – Im Haftenden, dem reinen Denken, heißt es: So erleuchtet der große Mann durch Fortsetzung der doppelten Klarheit die vier Weltgegenden. Er integriert seine Seele; das Abgründige, die Gefahr, wird zum Ansatz des Lehrens, wodurch der abwärtsführende Strom des Lebens sich umkehrt, sobald der Edle in dauernder Tugend wandelt.

50/3 – Der Lehrende findet zur Teilhabe am Werk im Tiegel; er kocht Festgerichte, um Berufene und Würdige zu ehren, und bringt sie herrlich dem höchsten Gotte dar. Er hat seinen Ort in der Evolution gefunden: So festigt der Edle durch Richtigmachung der Stellung das Schicksal. Erst dadurch ist er dem Chaos der Anfangsschwierigkeit gewachsen, kann selbst Gehilfen einsetzen; er wirkt ordnend und entwirrend.

35/ 5 – Wer dem Chaos gewachsen ist, führt das Werk in die dauernde Dynamik des Fortschritts. Die Arbeit verlangt selbst die klaren Anlagen hell zu machen, transparent zu werden, denn jetzt hat man die Anerkennung. Man findet das Glück, die Fortuna, und kann warten. Der Edle, der ißt und trinkt und heiter und guter Dinge ist, ein echter Geselle, kann den Weg des Himmels, des Meisters beginnen.

Der neue Name Gottes

YIN   YANG
III. WEG DES HIMMELS

die Mehrung	42	32	die Dauer
die Auflösung	59	55	die Fülle
die Entwicklung	53	54	das heiratende Mädchen
des Kleinen Zähmungskraft	9	16	die Begeisterung
innere Wahrheit	61	62	des Kleinen Übergewicht
die Sippe	37	40	die Befreiung
das Sanfte	57	51	das Erregende
die Betrachtung	20	34	des Großen Macht

III. Weg des Himmels

42/32 – In der Mehrung reißt der Sog der Evolution den Menschen mit, man muß seiner Bewegung folgen. Das kann nur jener, dessen Wesen Dauer hat: So steht der Edle fest und ändert seine Richtung nicht.

59/55 – Das Werk verlangt die Eichung auf die himmlischen und irdischen Mächte, die Religion: Im Zeichen der Auflösung naht der König seinem Tempel und schafft neue heilige Stätten. Durch diese Rückbindung kann er den anderen eine Zeit der Fülle bescheren, ohne daß sie sich im Luxus verlieren.

53/54 – Auf dem Weg des Himmels kann der Edle seine Seele gleich der Wildgans, deren Treue sprichwörtlich ist, dem Geist anvertrauen. Jeder Schritt ist fördernd, wenn man gleich einem Baum auf dem Berg in würdiger Tugend weilt. Doch darf man den Tod und das Jenseits, die magische Fähigkeit des heiratenden Mädchens nicht vergessen, das einen in die Regionen des Nagual führt und die Gefahr der Selbstgerechtigkeit bannt.

9/16 – Wer diese Tiefe erreicht, muß in des kleinen Zähmungskraft sein äußeres Wesen verfeinern, auf daß es den Geist zum Ausdruck bringt. Erst dann kann der Edle von der Erde her über die Musik die anderen zur Begeisterung mitreißen und im großen Opfer den Bund mit der Erdgöttin schließen.

61/62 – Die Wahrheit der Gebärde muß in der inneren Wahrheit so einleuchtend und echt werden, daß selbst die ungeistigsten Geschöpfe, die Schweine und Fische, von ihr mitgerissen werden. Voraussetzung dafür ist, daß in des kleinen Übergewicht jede Gebärde der Intention entspricht, ja fast übertrieben das zu Tuende und zu Wahrende veranschaulicht, wie es der Ritus aller Traditionen gezeigt hat.

37/40 – Wessen Gebärde Natur wird, wessen Können zum Spiel, der kann die Familie selbst als geistigen Weg ergreifen, die natürlichen seelischen Verhältnisse der Arbeit am Verdorbenen vergeistigen und somit die anderen, die guten Willens sind, zu ihrer Befreiung, zur Anjochung der Seele an den Geist führen.

57/51 – Damit wird das Bewußtsein auf das reine Empfinden der Wirklichkeit im Zeichen des Sanften gerichtet. Die Welt selbst wird heilig und man ist fähig, den erregenden Geist zu empfangen, sein Leben in Furcht und Zittern recht zu machen, aber die Gesetze des Zusammenlebens im Lachen in die freie Gesellschaft der Meister zu verwandeln.

20/34 – Teilhabe am Geist, hier im platonischen Sinn der Betrachtung, läßt den Weg des Himmels erkennen, der Meister spendet Belehrung. Damit erreicht er des Großen Macht und ist in Gefahr: Er soll sich hüten, auf Wege zu treten, die nicht der Ordnung entsprechen, und den Schritt vom Meister zum bescheidenen Krieger, zum Weg des Sinnes wagen.

Der neue Name Gottes

die Wiederkehr	24	䷗ ䷪	44	das Entgegenkommen
das Heer	7	䷆ ䷌	13	Gemeinschaft mit Menschen im Freien
die Bescheidenheit	15	䷎ ䷉	10	das Auftreten
der Friede	11	䷊ ䷋	12	die Stockung
die Annäherung	19	䷒ ䷠	33	der Rückzug
die Verfinsterung des Lichts	36	䷣ ䷅	6	der Streit
das Empordringen	46	䷭ ䷘	25	die Unschuld
das Empfangende	2	䷁ ䷀	1	das Schöpferische

IV. Weg des Sinnes

24/44 – Der Ansatz des Weges des Sinnes ist das Geheimnis der Goldenen Blüte im Zeichen Wiederkehr, wo das Kreisen des Lichtes den Keim zur Entfaltung bringt, dessen Sinn erst nach der Meisterschaft zugänglich wird. Doch diese Verinnerlichung muß sich dem Entgegenkommen, der Verführung, der Gefahr öffnen, weil nur durch diese Hingabe der himmlische Geist die Motive der Erde zur Entfaltung bringt.

7/13 – Das erfordert große Disziplin, den starken Mann, wie ihn ein Heer braucht. Doch dieser muß seinen Massen, seinem Körper und seiner Seele freundlich gegenüberstehen und diese nicht vergewaltigen. Denn dadurch entsteht das Ideal der Gesellschaft, Gemeinschaft mit Menschen in Freiheit, die eigentliche Menschlichkeit im Zeichen des Wassermanns, in der Menschen nicht nach Herkunft, Weltanschauung oder Interessen, sondern in Liebe und Kommunion zusammenkommen.

15/10 – In dieser Gesellschaft erreicht der Einzelne seine wahre Stellung als Bescheidenheit, sich mit dem zu bescheiden, was er wirklich ist: Er verringert, was zu viel ist und vermehrt, was zu wenig ist. Dadurch wird er fähig, der Kraft der Erde im Zeichen des Auftretens gewachsen zu sein: Er tritt auf des Tigers Schwanz, und der Tiger beißt den Menschen nicht.

11/12 – Als solcher bringt er eine Zeit des Friedens und des Neuanfangs, doch nur dann, wenn er im Gegenzeichen Stockung sich auf seine Rolle in seinem natürlichen Wirkungskreis und als Brücke zwischen Himmel und Erde besinnt und sich nicht anstellen läßt: Kaiser und Papst in einer Person.

19/33 – Als beständiger Edler – ist er im Zeichen Annäherung in seiner Absicht zu lehren unerschöpflich und im Ertragen und Schützen des Volkes ohne Grenzen. Doch muß er sich auf jene Stellung zurückziehen, wo ihm die Gemeinen nicht schaden können und er seine Werte ohne Hindernisse und Feindschaft im Rückzug bewahrt.

36/6 – Noch eine Klippe steht vor ihm in der Verfinsterung des Lichts: Die letzte Prüfung ist, in der Not beharrlich zu sein, sein Licht zu verhüllen ohne es zu löschen und im Streit, in den man ohne Verschulden kommt, auf halbem Wege inne zu halten.

46/25 – Wer diese Prüfung übersteht, für den geht es nun voran, wenn auch die Expansion nicht spektakulär wird: Im Empordringen häuft der Edle hingebenden Wesens Kleines auf Kleines, um es zu Großem zu bringen. In voller Selbstlosigkeit erreicht der Krieger die Unschuld, deren Zustand allein die beiden großen Prinzipien von Erde und Himmel zugänglich macht.

2/1 – Mit der Zweiheit des Empfangens und des Schöpferischen ist der Einklang mit dem All erreicht. Der Edle trägt hingebenden Wesens die Außenwelt, und muß sich im Osten immer wieder stark und unermüdlich machen, um jene Visionen zu verwirklichen, die der Zeit angemessen sind.

Damit ist das Ziel der Wandlungen erreicht; der Mensch wird gleich der Erde ein Empfangender, und kann die Intention des Schöpferischen in seinem Werk verkörpern. Als großer Mensch wird er anderen zur Seite stehen, um auch sie in die große Harmonie einzustimmen. Jeder Mensch hat als Signatur eines der Zeichen, welches analytisch durch Bestimmung der beiden Komponenten zu entschlüsseln ist. Betrachtet man die sechs Urteile, die Zeichen, zu denen sie führen, und anschließend das Gegenzeichen, so weiß man, welcher Mythos einen trägt. Ferner kann man über das Orakel des I Ging immer wieder die richtige Einstellung zu Yin und Yang finden und damit, wie Konfuzius sich ausdrückte, von den gröbsten Irrtümern frei werden.

In Tibet war das Rad in mythischer und vorindividueller Form die Grundlage des Zusammenlebens. Durch unsere Vollendung der konfuzianischen Forderung nach Richtigstellung der Begriffe ist es als Klaviatur des Denkens rational einsichtig; jede Beziehung und jedes Verhältnis der beiliegenden graphischen Darstellung wird eine echte Erkenntnis vermitteln.

VII.

Astrologie

I. Das Weltenjahr

Die Astrologie bezog sich ursprünglich nicht so sehr auf den Einzelnen – der persönliche Lebenskreis wurde in seiner Bedeutung als Horoskop erst im vierten vorchristlichen Jahrhundert einbezogen – sondern auf die Menschheit als Gattung. Sie unterliegt einer aufsteigenden Ordnung, die sich aber rückläufig zum Jahreskreis, also gleich dem Sonnenlauf im Tageskreis bewegt und ihren Ursprung im Mondzeichen Krebs, ihr Ziel im Sonnenzeichen Löwe hat. Ihr Rahmen ist durch die Präzession des Frühlingspunktes im Tierkreis gegeben.

Astronomisch läßt sich diese Präzession auf die vereinte Schwerkraftwirkung von Sonne und Mond zurückführen; die verlängerte Erdachse beschreibt im Sternbild des Drachen einen Kreis um den Pol der Ekliptik. Der Frühlingspunkt verschiebt sich rückläufig in 72 Jahren um einen Grad, in 2.160 Jahren um ein Zeichen, und kehrt nach 25.920 Jahren wieder zum Ausgangspunkt zurück. Diese Präzession bildete nun den bewußten Rahmen aller Geschichtsbetrachtung der Vorzeit bis in die Antike und besteht unterschwellig in verschiedenen Religionsgemeinschaften bis auf den heutigen Tag fort.

Die genaue Berechnung der Präzession und damit die Einteilung des Tierkreises in 360° wurde in Vorderasien wohl erst in Babylon im dritten vorchristlichen Jahrhundert erkannt und bestimmt; doch der Wandel des Frühlingspunktes durch die Konstellationen bildete von Anfang an das Schema des Zeitrahmens der Menschheitsentwicklung.

Löwe galt als Sitz der Sonne, Krebs als Sitz des Mondes. Der Mond symbolisiert die Einbildungskraft und die Traumwelt, die Sonne den Wesenskern und das Wachbewußtsein; die Vereinigung von Wachen und Träumen ist der Sinn der Menschheitsgeschichte. So hat diese im kosmischen Denken einen Ursprung und ein Ende; sie begann vor etwa zehntausend Jahren, als der Frühlingspunkt aus der Konstellation

Löwe in den Krebs eintrat – biblisch als Verlassen des Paradieses mit dem Essen vom Baum der Erkenntnis dargestellt – und wird sich in etwa siebzehntausend Jahren vollenden, wenn der Frühlingspunkt wieder das Ende dieser Konstellation erreicht hat – wenn der Mensch dereinst Traumwelt und Wachwelt, das naturhafte Leben mit dem geistigen vereint, oder biblisch ausgedrückt, am Baum des Lebens ebenfalls teilhaben wird. So gliedert sich die Weltgeschichte der kosmischen Perioden rückläufig zum Jahreskreis; fünf von ihnen, die Krebszeit, die Zwillingszeit, Stierzeit, Widderzeit und die Fischezeit sind bereits verflossen; heute stehen wir am Beginn der Wassermannzeit; der Übergang ins sechste Zeichen wurde am 5. 2. 1962 vollzogen.

Alle 2.160 Jahre wechselt das kosmische Leitbild und Koordinatensystem, und dieser Wechsel drückt sich sowohl im Stil der Religion und der Kunst als auch des Denkens und des Lebens aus; und dies in viel besserer und eindeutigerer Weise als in der archäologischen Gliederung nach benützten Werkzeugen oder Metallen.

Mit der Mutation vom homo faber zum homo sapiens beginnen die Weltenmonate, die folgende Koordinaten haben:

Altersstufe	Gemeinschafts-ideal	Gottesbild
0–7 / 8940–6680 (v. Chr.)	Krebszeit	Klan	Schöpfer
7–14 / 6680–4520	Zwillingszt.	Stamm	Großer Geist
14–21 / 4520–2360	Stierzeit	Stadt	Göttergenerat.
21–28 / 2360– 200	Widderzeit	Volk	Gesetzgeber
28–35/ 200–/1962	Fischezeit	Reich	Gottesbote
35–42 / 1962–4120	Wassermannzt.	Menschh.	Mensch im All

Der homo sapiens mit der beginnenden *Krebszeit* überwindet das Ritual. Beim homo faber der Altsteinzeit war die weibliche Rolle das Sammeln, die männliche das Jagen. Beim homo sapiens wird die weibliche zum Ackerbau, die männliche zur Viehzucht, und an die Stelle des fixierten Rituals tritt die dynamische Zivilisation, die organisch durch die Trennung der rechten von der linken Großhirnhemisphäre ermöglicht wird. Sie äußert sich als die Unterscheidung von Raum und Zeit.

Die Zeit wird zum Himmel und hat den Schwerpunkt im Tag, der Raum zur Erde mit dem Schwerpunkt in der Nacht. In der Kosmogonie der Navahos schaffen Erster Mann und Erste Frau zwischen sich das Himmelsgewölbe, das gleiche Bild findet sich in Ägypten.

Durch die Bestimmung von Raum und Zeit lassen sich Pflanzen züchten und Tiere zähmen, beides ist an die Beachtung von Zeitabläufen gebunden. Die ältesten Bauten waren Kalenderstrukturen, die bis zu den Steinkreisen in Frankreich und England weiter bestanden. Die Gemeinschaft der Krebszeit beruht auf der Arbeitsteilung des Klans, wie er historisch durch die soziokulturelle Tradition geprägt wurde. Ein Kulturheroe brachte sie auf die Erde, oft indem er den Weltenbaum hinunterstieg.

In der *Zwillingszeit* schlossen sich Klans zu nomadischen Stämmen zusammen. Sie folgten den Visionen der Traumwelt, wie wir es noch bei den Indianern der großen Ebene finden. Als Fügungen erlebte Ereignisse der Wirklichkeit und Visionen der Nacht, der Sternenkonstellationen und Träume werden zu Ansätzen von Wegen, die über die Erfahrung hinausreichen. Raum und Zeit, Erde und Himmel werden vergöttlicht, während der Urgott nicht mehr erkennbar ist, außer im Zusammenhalt des Stammes und der Gemeinsamkeit der Sprache.

Die Stammesüberlieferung ist mündlich. Sie berichtet von all denen, die aus einem Traum einen geistigen Weg geschaffen haben. Er darf nicht verlassen werden, sonst wird der einzelne aus dem Stamm ausgeschlossen – oder sogar getötet.

Die Gruppe bezeichnet sich in ihrer Sprache als die einzigen eigentlichen Menschen, rechnet Fremde nicht zur Gattung. Der Kampf wird zur Auslese, das Bestehen von Prüfungen und Gefahren zum Weg. Jene, die den Weg zuende gegangen sind, werden zu Ahnen im Unterschied zu den Vorfahren. Sie vermitteln auch nach ihrem Tode Visionen aus dem Jenseits. Der Führer ist nicht mehr der Häuptling als Vater, sondern der Schamane, der den Weg in die Oberwelt und Unterwelt kennt und andere führt und heilt.

In der Zwillingszeit ist die Heldensage die Verbindung von heilig und profan. Ihre Handlungen und Geschehnisse werden für andere paradigmatisch. Die Beziehung zu den Tieren ist noch offen; viele Stämme haben Zugang zu einem besonderen Totem, sei es als Krafttier, das in der Vision erscheint, oder als tatsächliches Tier, mit dem man seine Kraft teilt.

Um 4520 v. Chr., im dritten Weltenmonat, vereinten sich die Stämme zu Städten mit festen Bauten und den Astralsymbolen wie in Ägypten und Babylonien die Stieralleen. Der Gottesbegriff waren die Göttergenerationen, die Ahnen als jene Wesen, die den Weg zur Neuen Erde vollendet haben. Doch die wesentliche Entdeckung der *Stierzeit* – sowohl in Ägypten als auch in Babylon – war die Erfindung der Schrift. Dank dieser wurde es möglich, das Bewußtsein auf einer vom Strom der Triebe und Instinkte unabhängigen Ebene zu fixieren, in welcher die Vorstellung frei die Gebilde des Bewußtseins – also die Welt der Geschichte, des Mythos, der Märchen und der Erkenntnis – zu einer Gestaltung, zu einer eigenen Synthese zusammenfassen konnte.

Babylon verband im Gilgamesch-Epos Zwillingszeit und Stierzeit, Ägypten dagegen Stierzeit mit der 2300 v.Chr. beginnenden Widderzeit. In Babylon scheint sich der Widder-Mythos nur in geringem Maß ausgeprägt zu haben; bis zuletzt steht das Bild des geheiligten Stiers an prominenter Stelle. Ägypten dagegen, der Präzession in noch höherem Maße bewußt, bezog im Isis-Osiris-Kult sogar die vergangene Krebszeit und in der Wahrung des Kalenders als rituellem Rahmen auch die Zwillingszeit ein. Doch der Übergang in das mythische Denken, das die eigentliche Widderkultur kennzeichnet, mißlang: Der Versuch Echnatons, im 13. Jahrhundert eine naturhafte Sonnenreligion zu schaffen, wurde von den Priestern der nächsten Generation zunichte gemacht. Dem König Hermes Trismegistos von Heliopolis – laut seinem griechischen Namen – gelang eine letzte Zusammenfassung des kosmischen Denkens, der sieben Einweihungsstufen und der zwölf Tierkreiszeichen; selbst die Neunzahl der Planeten im Verhältnis zur Sonne als Zentralkörper scheint ihm bewußt gewesen zu sein. Die Stelle des geheiligten Stiers nahm der Widder ein, und die Religionsform des Widderdenkens, das Orakel, wurde gepflegt. Doch damit war die schöpferische Kraft der ägyptischen Kultur erschöpft; mit dem Ende der Widderzeit verwandelte sich der kosmische Denkstil in Astral-Aberglauben als Versuch, das persönliche Leben nutzbringend zu lenken, also gerade im Sinne der niederen Seele; und in dieser Form lebte er als Volksaberglaube durch die ganze Fischezeit unterschwellig weiter, bis erst in den letzten hundert Jahren seine wahre und echte Bedeutung wieder herausgeschält wurde.

Was immer wir an schriftlichen Quellen der Vorzeit besitzen, entstammt frühestens der Stierzeit und wurde deshalb, wie wir dies schon beim Gilgamesch-Epos beobachten, in deren Geist interpretiert. Doch nicht nur die Sprache, sondern alle Künste bildeten zusammen gleichsam das Alphabet, die Bauten wie die Tänze und auch die Zeremonien, wenn auch das Schreiben – wie z. B. die bevorzugte Darstellung der Schreiber auf den ägyptischen Reliefs des alten Reichs zeigt – den Schwerpunkt darstellte. Und mit fortschreitender Zeit entfalteten sich die verschiedenen Kulturen der Stierperiode immer individueller, zu persönlicher Sprache und Kultur, wodurch schließlich die Verständigung zwischen ihnen unmöglich wurde, wie dies das biblische Gleichnis vom Turmbau zu Babel zeigt, dessen Vorbild allerdings nicht die ägyptischen Bauten, sondern die Türme der babylonischen Ischtarheiligtümer waren.

In der *Widderzeit* erschien die Vorstellung der persönlichen Unsterblichkeit. Während in den früheren Weitenmonaten die goldene Zeit hinter dem Menschen lag, wird sie nun in die Zukunft verlegt als neues Paradies und Neue Erde, die der einzelne nach dem Tod erreichen könnte. Gott erscheint in der Widderzeit in vier Weisen: Als die Stimme ohne Bild und Name, der man sich öffnen kann und der man gehorsam sein soll wie Abraham. Als der Mensch im All, Adam Kadmon, Mahapurusha, der sich am Anfang der Schöpfung schamanisch zerstückelt und von dem einzelnen Menschen über das Werk zusammengefügt wird. Drittens als die neun heiligen Ziffern mit ihrem Ursprung in der Null, die die Kosmisierung ermöglichen. Viertens als die Heilsgeschichte, die im Aufstieg den Sinn des irdischen Lebens erkennt. Daher ist die Gottesbezeichnung Tetragrammaton, der Vierfältige.

Widder ist Seele – wollen. Der Alltag wird ritualisiert. Im heiligen Volk sind sämtliche Handlungen bis zum Essen und der Sexualität als Opfer zu verstehen. Das Gesetz ist offenbar als immanente Struktur des Menschen, der zum Heil strebt, ob dieses nun in der Tora gefaßt ist, im brahmanischen Sanatana Dharma oder im I Ging. Es ist eigentlich keine patriarchalische Religion, sondern die Entfaltung und Verantwortung des Ichs wird zum Weg; Gott offenbart sich als Ich; jüdisch „Ich werde dasein als der Ich dasein werde". Fortan wird der Geist für alle zugänglich, die sich Gott als dem einzigen Ziel zuwenden. Der Gegenstand als Mittler tritt zurück, das goldene Kalb wird zum Feindbild. Der seelische Zusammenhang entscheidet, ist aber völkisch definiert und genetisch mit Gott zurückverbunden.

Die ganze Widderzeit, von Fushi und Abraham bis zu Buddha, Zarathustra, Konfuzius, Pythagoras und Sokrates, bedeutet eine Erweckung des Ichs, während das Selbst seine Wurzeln in die Herkunft verlegt. Die Auferstehung bleibt noch kollektiv bis zu den drei großen Religionsgründern:

Buddha erkennt, daß das Erwecken der Vernunft als mittlerer Weg zwischen Sinnlichkeit und Askese Befreiung bringt; daß nur jener, der für die Erweckung der anderen unter Einschluß aller Wesen lebt, einen Sinn finden kann, im Unterschied zum brahmanischen oder jüdischen ewigen unverrückbaren Gesetz.

Christus als Sohn des Menschen zeigt, wie jedes äußere Schicksal für den strebenden, liebenden Menschen zum Sinn wird; es gibt kein böses Fatum.

Mohammed geht noch einen Schritt weiter: Jegliches Geschehen ist eine persönliche Antwort Gottes auf eine Frage, die man bewußt oder unbewußt gestellt hat. Die Verantwortung wird im Islam absolut.

Die Vorschriften des Gesetzes heiligen für die Gläubigen der drei Weltreligionen nicht mehr das Volk, obwohl es noch weiterhin viele gibt, die in der hinduistischen oder jüdischen Tradition ohne Sehnsucht nach persönlicher Entfaltung ihre Zufriedenheit finden.

Mit der *Fischezeit*, mit Geist-fühlen als Inbegriffspaar, tritt der Weg des einzelnen zum Heil in den Vordergrund. Die Mythen tauchen in Form von Legenden wieder auf, im Christentum erhält jeder Mensch in der Taufe einen Vornamen nach einem Heiligen, dessen Weg er folgen sollte. Die Menschen folgen den Pionieren auf allen Gebieten. Doch das Jenseits ist unerkennbar, es liegt für die Fischezeit hinter einer Katastrophe der Wandlung, dem Jüngsten Gericht, womit das ägyptische Totengericht zu einer kollektiven Erwartung geworden ist, die nur ihre Parameter verändert, vom unausweichlichen Atomtod zur Umweltkatastrophe.

Das Neue Jerusalem der Fischezeit, mit dem Gottesdienst im Zeichen Jungfrau, vereinte die vielen Völker zu Reichen; im buddhistischen Indien von Kaiser Ashoka bis zur islamischen Eroberung; in Europa im Römischen Reich, schließlich in den Imperien Rußlands und Westeuropas. Der Kolonialismus brachte in den letzten fünfhundert Jahren unfaßliche Grausamkeiten und Zerstörungen. Doch positiv vermittelte er allen Menschen die Erkenntnis, daß der Weg des Ichs fortan für jeden gangbar wird.

Am 4. Februar 1962 war der Übergang von der Fischezeit in die *Wassermannzeit*, mit einer absoluten Sonnenfinsternis am Übergang Löwe-Krebs über Neuguinea. Das plutonische Modell rastete ein. Der Himmel ist offen. Die heiligen Bücher – die Bibel, die Veden, der Koran, der I Ging, aber auch kleinere Offenbarungen – werden nun zum Stoff der Selbstaktualisierung, der Verbindung von Ich und Selbst zum Wesen.

Der Wassermann steht gegenüber dem Löwen, die Neue Erde ist dem Wort zugänglich. Die Zweiheit des Göttlichen, jüdisch Elohim und Jahve, indianisch Wakhan als Urgrund des Raumes und Skwan als Ursprung der Zeit, schaffen den Zugang zu Urkraft und Urlicht, Mikrokosmos und Makrokosmos. Die Zeit der Reichsbekenntnisse und Ideologien ist vorbei; fortan zählt nur noch die Selbstaktualisierung. Geheime Traditionen werden zugänglich, der Weg der Weisheit und Fülle wird wieder gangbar. Die Erkenntnis der Zahlen des Rades, der Parameter von Raum und Zeit tritt an die Stelle der Bekenntnisse.

Durch die technologische Computergesellschaft, Körper-denken, wird klar, daß jeder fortan zum Sinn berufen ist. Der Mensch im All offenbart sich als Ziel und Wurzel allen Strebens. An die Stelle von Königen, Helden oder Führern im jupiterischen Sinn – positiv Cäsar und Mohammed in ihrem zwölfjährigen Wirken, negativ Hitler in der Zerstörung der Reste des Heiligen Reiches, also gleichsam durch das auf die Erde gebrachte Jüngste Gericht – tritt nun der einfache Mensch, der Handwerker und Demiurg im altgriechischen Sinn, der Arbeiter, der zum Träger der neuen sechsten Periode der Menschheit wird. Damit ist die Zeit der Arbeit als Fron beendet; das Menschentier vereint sich mit dem Gottmenschen, der Weg zum Himmel ist fortan offen. Mit dem VI. Haus – in Entsprechung zum Lebenskreis mit fünfunddreißig Jahren, dem Eintritt in die Arbeit – sind alle Jene gleich, die ihre Arbeit meistern und den Weg zur Fülle finden.

Im Lebenskreis bestimmt das XI. Haus des Wassermanns die Freundschaft. Freund ist nicht der Kamerad oder Kollege, sondern jener, den man als Anderen erkennt und bejaht, als Brücke zwischen Himmel und Erde. Jeder wird Kaiser und Papst in einer Person, wie jeder am Ende der Widderzeit im Christentum zum Propheten und Heiler aufgerufen war: Das ganze Rad ist offenbar.

Es wird wohl lange dauern, bis die neue Mentalität sich durchsetzt. Erst nach 2160 Jahren werden sich alle jetzt angelegten Keime verwirklicht haben. Was die künftigen Zeiten an Neuem bringen werden, läßt sich nur aus dem Gegensatz zu den früheren vermuten. Die Steinbockzeit wird wohl die Familie heiligen, in der Schützezeit wird der kosmische Zusammenhang mit dem ganzen Himmel offensichtlich. Die Skorpionzeit verwandelt den Tod in eine Schwelle, der Mensch kann hüben und drüben leben, im Diesseits und Jenseits, wie es Gustav Meyrink beschrieb. Die Waagezeit ordnet das Recht und die Gesellschaft auf Gott. In der Jungfrauzeit erstreckt sich die Zivilisation auf den Himmel. In der Löwezeit erscheint das Neue Paradies. Die Neue Erde vereint sich mit der alten, alle Arbeit wird sinnvoll.

Das ist das Alte, das erfüllt werden wird. Aber da jedes Zeitalter auch Neues bringt, das unvoraussehbar ist und auch von der Leistung der Menschen im Werk der Zivilisation abhängt, sollten wir es weder fixieren noch beschreiben; denn falsche Erwartung zerstört die echte Zukunft.

Die Wassermannzeit verwandelt die Arbeit in Spiel. Man überwindet die Hölle der plutonischen ewigen Wiederholung, den zerstörenden Aspekt der Technologie, indem man im Gegenzeichen Löwe zur Spontaneität und damit zur echten Kindlichkeit zurückfindet, zum magischen Kind als Born des Wesens.

2. Das Horoskop

Im kosmischen Denken der Stierzeit hatten sich die Raum-Zeit-Kategorien, der Tierkreis, die Planeten und das Weltenjahr nur auf die Entwicklung der Menschheit und der Völker bezogen. Die Unsterblichkeit des Einzelmenschen war im Anfang unbekannt. Noch am Ende des mythischen Denkstils der Widderzeit wurde sie nur den Heroen zugesprochen, die meistens zur Hälfte göttlichen Ursprungs waren. Doch mit dem Übergang von der Widderzeit zur Fischezeit um 200 v. Chr. wurde die Unsterblichkeit des persönlichen Menschen, abgesehen von aller Gemeinschaft, zum allgemeinen Strebensziel. Wahrscheinlich geschah dies über Vermittlung des indischen Denkens, das sowohl im Brahmanismus als auch im Buddhismus dies Ziel verkündet hatte; indische Yogis waren mehrmals nach Griechenland gekommen, hießen dort Gymnosophen, und einige von ihnen hatten sich öffentlich verbrennen lassen, um ihrer Überzeugung von der persönlichen Unsterblichkeit Nachdruck zu verleihen.

Im jüdisch-hellenistischen Denken verband sich dieses Streben mit der Erwartung des Erlösers und Friedensbringers, die im Zeichen der Fische für den jupiterisch irdischen Ort Jerusalem prophezeit war. Doch damit tauchte auch die Frage auf, ob die Konstellationen des Himmels nicht auch für den persönlichen Menschen und seinen Weg eine Bedeutung hätten, und Claudius Ptolemäus schuf um 150 n. Chr. sein systematisches Lehrgebäude der Astronomie und Astrologie in zwei Werken: der „Megale Synthesis", der großen Synthese, später arabisch Amalgest geheißen, und den vier Büchern des „Tetrabiblion", in denen er die genauen Umlaufbahnen der Planeten und die Konstellationen im Tierkreis berechnete und die Grundlagen aller späteren astrologischen Deutungen schuf.

Die Grundfigur dieses Systems ist das Horoskop. „*Horoskopos*" heißt der Gott, der die Stunde betrachtet; das Zeichen, das im Osten im Augenblick der Geburt aufsteigt. Damit wurde zum Tierkreis der Ekliptik, der am Ende der Widderzeit mit dem Tierkreis der Konstellationen identisch geworden war, ein zweiter Zwölferkreis geschaffen, dessen Koordinaten durch den persönlichen Horizont des Geburtsortes und der Geburtszeit bestimmt wurden, der jedoch die traditionelle Bedeutung der Tierkreiszeichen als irdische Aufgaben wiederholt. Das Zeichen, das zur Geburtsminute am Horizont auftaucht, wurde lateinisch *Ascendent* genannt, sein Gegenpol war *Descendent*; der höchste Punkt der Sonnenbahn wurde als *Medium Coeli* bestimmt, und der tiefste Punkt als *Immum Coeli*. Diese vier sind die Koordinaten des Wesenskreises. Die dazwischen liegenden Quadranten des Tierkreises wurden in drei Teile gegliedert, im Anfang rein schematisch. Diese Teilung hat durch viele Jahrhunderte zu Diskussionen geführt. Erst in der Neuzeit, als die Astrologie im 17. Jahrhundert unter anderen Vorzeichen einen großen Aufschwung nahm, setzte sich das System des Placidus durch, der die Gliederung dieses sogenannten Häuserkreises über eine Drittelung der Sonnenbahn vornahm. Die Voraussetzung zu dieser Feststellung war die Erkenntnis der Kugelgestalt der Erde, während Ptolemäus selbst sich noch zum aristotelischen Weltbild bekannte.

Ob die persönliche Astrologie zuerst in Indien und China oder im vorderasiatischen Raum aufgetaucht ist, läßt sich nicht mehr feststellen; schon Augustus und Cäsar haben sich persönliche Horoskope stellen lassen. Doch die systematische Ordnung, die Logifizierung des kosmischen Denkens, und vor allem die Erkenntnis der Bedeutung der Planetenkonstellationen, ohne die eine persönliche Deutung eines Horoskops unmöglich ist, wurde durch das ptolemäische System begründet; selbst die heutigen Aspektbegriffe der indischen Astrologie sind eindeutig griechischen Ursprungs.

Das ptolemäische System bedeutet eine Synthese persischen, indischen, jüdischen, babylonischen und ägyptischen Denkens auf griechischer Grundlage.

Dieses System geht nun bewußt von der Symbolik der Fischezeit im Weltenjahr aus, welche im Jahr 200 v. Chr. begonnen hatte. Demgemäß wurde Jupiter als Regent dieser Epoche als das große Glück bezeichnet, Venus als das kleine Glück; Mars und Saturn wurden dagegen negativ bewertet. Jedem der Planeten wurden zwei Zeichen oder „*Häuser*" zugesprochen mit Ausnahme von Sonne und Mond, die ihren Schwerpunkt in Löwe und Krebs behielten. Das System der Entsprechungen läßt sich in folgender Tafel veranschaulichen, die bis zur Entdeckung der transsaturnischen Planeten die Astrologie beherrscht hat:

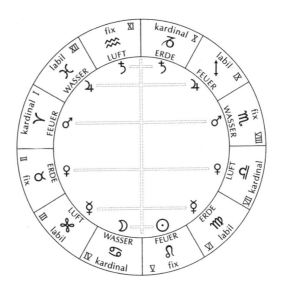

Das Horoskop zeigt nach ptolemäischer Auffassung sowohl den Charakter als auch das Schicksal des Geborenen. Die zwölf Themen sind im Tierkreis typologische Kennzeichen, im Häuserkreis verschiedene Einstellungen zur Wirklichkeit. Im Häuserkreis ergeben sich folgende Grundspannungen der menschlichen Existenz: Person gegen Gemeinschaft, Besitz gegen Tod, Lernen gegen Ideen, Familie gegen Beruf, Kinder gegen Freunde und Arbeit gegen Einsamkeit und Muße. Dieselben Themen bilden in der esoterischen astrologischen Überlieferung die zwölf Lebensabschnitte zu je sieben Jahren, innerhalb derer der Mensch sein irdisches Aufgabenfeld durchwandert:

I. Im ersten Jahrsiebt erwacht das Selbstbewußtsein; das Kind wird vom Es zum Ich, zur Person mit Entscheidungswillen.

II. Zwischen sieben und vierzehn Jahren erwacht das Verständnis für die Objektwelt; das Kind bemerkt die Welt als solche und auch mit der Pubertät das „Haben" des Geschlechts.

III. Die Zeit zwischen vierzehn und einundzwanzig bringt die größte abstrakte Aufnahmefähigkeit; als Ideal bestimmt diese Periode die Kameradschaft, die bewußte Einordnung in eine Gruppe.

Der neue Name Gottes

IV. Mit einundzwanzig Jahren wird der Mensch heute mündig; die folgende Periode bringt die Lösung von den Eltern, das Finden des Ehepartners und die Gründung des Heims.

V. Im Zeitraum zwischen achtundzwanzig und fünfunddreißig Jahren handelt es sich darum, zum Wesenskern durchzustoßen, die eigenen Möglichkeiten und Grenzen zu erkennen, das Wesentliche vom Unwesentlichen zu scheiden und der Leidenschaften Herr zu werden. Dies wird durch die Erziehung der Kinder nahegelegt.

VI. Ist der Mensch im Wesen verankert, dann gilt es sich im Austausch der Dinge in der Welt zu bewähren und die Möglichkeiten zu erkennen, wie man seine Begabung in der Arbeit nutzbringend einsetzen kann, um Wohlstand zu erringen.

VII. Zweiundvierzig bedeutet die Mitte des Lebens; von nun an geht die Entwicklung zurück zur Vereinigung mit der Urkraft, deren Tor der Ascendent bildet, im Gegensatz zu den früheren sechs Abschnitten. Zwischen zweiundvierzig und neunundvierzig gilt es die gesellschaftliche Stellung zu erringen, welcher die Person – der Gegenabschnitt – zu ihrer Auswirkung bedarf.

VIII. Ist die Stellung anerkannt, dann erst kann im achten Jahrsiebt das für richtig Erkannte und Erstrebte im Kampf durchgesetzt werden, wobei der gesamte Besitz des Gegenabschnitts zur Kraftquelle, zum Vermögen wird. Dies ist auch die Periode der Auseinandersetzung mit dem Tode. Nur wer sich ganz der irdischen Ziele enthaftet, kann in das letzte geistige Drittel des Lebenskreises aufsteigen.

IX. Im Vollbesitz seiner Kraft kann der Mensch zwischen sechsundfünfzig und dreiundsechzig Jahren daran gehen, seine erkannte Aufgabe im Rahmen seiner Gemeinschaft zu verwirklichen und ein Führer auf dem Weg zu werden.

X. Aus dieser Aufgabe findet er im zehnten Jahrsiebt seine Berufung, die aber nicht mehr im Rahmen seines Volkes, sondern der Menschheit als Gattung zu verwirklichen ist. Die meisten großen staatsmännischen Leistungen der Geschichte fallen in dieses Lebensalter.

XI. Ist die Aufgabe im Beruf verwirklicht, findet sie im elften Jahrsiebt ihren Niederschlag im Werk, in welchem der eigene Lebenssinn in Freundschaft anderen selbstlos zu deren Entfaltung überantwortet wird.

XII. Letztes Ziel ist die Gewinnung der Integration des Wesens in der Abgeschiedenheit; erst wenn sie erreicht ist, wird der Weg zum Urlicht eröffnet; der Mensch wird in ausstrahlender Liebe ein bewußtes Tor zum Jenseits, wie dies traditionell im Ideal der Heiligkeit dargestellt wurde.

Die Bedeutung der vier Quadranten und der Tierkreiszeichen ist uns schon aus dem indischen Denken, vor allem aus der Bhagavad Gita bekannt, woher Ptolemäus sie wahrscheinlich entnommen hat. Die ungeradzahligen Zeichen und Häuser wurden als *solar*, die geradzahligen als *lunar* bezeichnet. Den Planeten wurden jene Qualitäten zugeordnet, die zu den entsprechenden Tierkreiszeichen gehören: zu Saturn Weisheit und Verantwortlichkeit, zu Jupiter Religion und Heilkraft, zu Mars Mut und Magie, zur Venus Schönheitssinn und Geselligkeit, zu Merkur Geldverständnis, Redebegabung und Schlauheit, zum Mond häusliche Tugend, und zur Sonne Herrschertugenden, Kindesliebe, Generosität und Meisterschaft. Diese Liste wurde später um alle Eigenschaften bereichert, welche die entsprechenden Götter in der griechischen Mythologie hatten; so bedeutete auch für die spätere christliche Theologie und Kunst das ptolemäische System mit Ausnahme des esoterisch gebliebenen Lebenskreises die Basis, um die Mythen einzuordnen und zu verwenden, die sonst unweigerlich, wie die germanische Mythenwelt, der theologischen Verfolgung anheimgefallen wären. Aber auch die christlichen Schriften selbst beziehen sich ausdrücklich auf astrale Zusammenhänge. So gebührt Ptolemäus geistesgeschichtlich das Verdienst, den Zusammenhang mit der antiken Welt dem Christentum ermöglicht zu haben.

Die wesentliche Leistung des Ptolemäus war die Erkenntnis der Bedeutung der Aspekte, die er aus dem Verhältnis der aristotelischen Elemente zueinander ableitete. Im Tierkreis stehen sie in folgendem Kreuz:

```
              Erde
Feuer ────────┼──────── Luft
             Wasser
```

Hieraus ergeben sich folgende Aspekte:

Konjunktion   0°   Planeten in dieser Stellung wirken vereint.

Trigon   120°   Die Planeten bleiben im gleichen Element und verstärken einander.

Opposition 180°   Feuer und Luft ergänzen einander, ebenso Wasser und Erde im Sinne der Fruchtbarkeit. Dennoch wird dieser Aspekt nicht positiv gewertet, denn Triebkräfte, die sich von selbst verbinden, reißen den Menschen nach ihrem Impetus mit und ins Verderben. Ptolemäus war ein Anhänger der Stoa, derzufolge nur ein der Vernunft untertaner Trieb dem Menschen förderlich ist. Betrachtet man den Tierkreis als zwölfteiligen Farbkreis, so ergeben einander gegenüberliegende Farben als Lichtstrahlen zusammen weiß. Farbe entspricht dem Bewußtseinsinhalt, weiß dem Licht der Aufmerksamkeit. So macht dieser Aspekt zu seiner Meisterung die Bewußtwerdung notwendig, sonst reißt die Opposition das Wesen entzwei.

Sextil   60°   Im Unterschied zur Opposition verbinden sich hier die ergänzenden Elemente Feuer und Luft oder Wasser und Erde miteinander, ohne den Menschen mitzureißen; sie ermöglichen ihm sogar, die Wesensmitte zu erreichen, da Sechsecksehnen und der Radius des Kreises die gleiche Länge haben. Daher ist der Aspekt förderlich.

Quadrat   90°   Feuer und Wasser bekämpfen einander; der Wind bringt die Erde zum Versanden und peitscht das Wasser zu Naturkatastrophen auf; ein negativer Aspekt, der nur durch bewußtes Trennen, Auseinanderhalten der Triebkräfte zu überwinden ist.

Halbsextil	30°	Hier, und im Quincunx von 150°, ist die Reihenfolge im Sinne der Mysterienstufen des kosmischen Denkens, und daher kann im Unterschied zum Quadrat der bewußte Wechsel von Impuls zu Impuls vollzogen werden.

Einen weiteren Schlüssel zur Bedeutung der Aspekte bieten Zahl, Farbe und Ton. Zweiteilung und Vierteilung gilt als negativ, Dreiteilung, Sechsteilung und Zwölfteilung als positiv. Im Farbkreis lassen sich alle Farbmischungen aus den drei Erdfarben blau, gelb und rot herstellen, die selbst nicht zu mischen sind; sie entsprechen den Wasserzeichen ☆ – ☽ – ☉. Die Opposition hingegen ergibt, wie schon gesagt, bei den Lichtfarben weiß, zwingt also zur Bewußtwerdung. Schließlich wurden die Aspekte mit dem Zwölferkreis des Quintenzirkels gleichgesetzt – eine Quinte umfaßt sieben Halbtöne, steht also in Entsprechung zu einem Abschnitt des Lebenskreises, sodaß die Aspektwinkel musikalischen Intervallen entsprechen: die Konjunktion der Prim oder Oktave, das Trigon der Großen Terz, das Sextil dem Ganzton, das Quadrat der Kleinen Terz, das Halbsextil der Quinte und der Quincunx der Kleinen Sekund. Hiermit hatte man einen psychologischen Schlüssel zu den geometrischen Formen gefunden, welche dann als Baugründe durch das ganze Mittelalter bis zum Ende des Barocks eine wesentliche Rolle gespielt haben.

Der neue Name Gottes

Die Aspekte des Horoskops sind Gestaltungswerkzeuge des Denkens, keine physikalischen Gesetze. Und die Planeten und Impulse sind weder Schicksal noch Charakter, sondern sie zeigen, wie das persönliche Instrument im Miteinander und Nacheinander zu entfalten ist. Die Sonne zeigt dabei den Einsatzpunkt des Wesens im Tierkreis und Häuserkreis. Ob einer sein Horoskop als Werkzeug verwendet, hängt allein von ihm ab. Erkennt er aber dessen Schlüssel, dann kann er das Dasein räumlich und zeitlich in einen Weg verwandeln. Das ist nicht die einzige Möglichkeit der Auferstehung, es gibt Menschen, die das Heil ohne astrologische Kenntnisse erreicht haben, durch den guten Willen, durch Streben nach Güte, Wahrheit, Schönheit, Gerechtigkeit und Liebe. Aber am Weg der Weisheit bildet die Astrologie wie der Yoga und der I Ging eine konkrete Hilfe, um das Fixieren des Wesens in Gedächtnisbahnen, also in der plutonischen Hölle der ewigen Wiederholung, rational einsichtig zu überwinden, wobei eines nach dem anderen kommt und man sich bei der Integration Zeit lassen kann.

VIII.

Das Meisterspiel

Die Wassermannzeit ist das VI. Haus, das Haus der Arbeit der Menschheit. Aus diesem Grund ist die Problematik der Wirtschaft in den Vordergrund getreten. In einer Zeit der Wandlung ist es schwer, die Kriterien des Neuen zu begreifen, ohne in das Alte zurückzufallen. Fischezeit war Reichsgesellschaft. Sie war auf die Strebenden begründet, die in Nachfolge eines Heiligen die irdische Welt zum Abbild einer vermeintlichen himmlischen machen wollten. Dies lehrt die orthodoxe Kirche: Die irdische Hierarchie sei der Spiegel der göttlichen mit Christus als Kosmokrator, der als Gegenpol des byzantinischen Basileus verstanden wurde.

Mit dem Mittelalter, dem Universalienstreit zwischen *Nominalisten* und *Realisten* in Paris, wurde die Esoterik verlassen. Für den Realisten war die Wahrheit im Geist Gottes, also in den Gattungsbegriffen, den platonischen Ideen. Man erreichte die Unsterblichkeit durch Teilhabe an diesen, im Einklang mit dem Johannesevangelium. Für die Nominalisten war die Wahrheit die verifizierte Meinung der Wissenschaft. Sie stützten sich auf die Aussagen des Alten Testaments, daß Gott alle Wesen vor Adam brachte, damit er sie benenne, und diesen Namen sollten sie fortan tragen.

Für beide liegt das Himmelreich, die Neue Erde, zeitlich hinter dem Jüngsten Gericht. Auf der Erde müssen wir den Heiligen oder Pionieren folgen. Der Nachthimmel der unmittelbaren Vision war – wie in China mit dem Übergang von der Schang- zur Choudynastie – durch den paternalistischen Taghimmel ersetzt worden.

In Europa prägte das akademische Leben über die Ideale Schönheit, Wahrheit und Gerechtigkeit die Kultur. Das Ich hatte das Selbst überall verdrängt; die Selbsterlösung ist im Abendland seit der Verdammung des Origines im fünften Jahrhundert verpönt, und das Abendland prägt seit dem Kolonialismus und den letzten aus dem Widerstreit gewonnenen Ideologien – dem realistischen Kommunismus und dem nominalistischen Kapitalismus – die Öffentlichkeit in allen Staaten der Welt.

Da beide ihre religiöse Zielsetzung verloren haben und nur noch als Strategien besseren Überlebens betrachtet werden, müssen sie als ideologischer Überbau zusammenbrechen.

Ideologien gelten nur noch in den Köpfen jener, die keinen Zugang zum Selbst finden. Die antiakademische Kulturrevolution mit dem Höhepunkt im Neptunjahr 1968 hat den endgültigen Bruch der geistigen Kontinuität vollzogen. Der jupiterische Persönlichkeitskult wird im Westen und Osten gleichermaßen verdammt. Autorität existiert nur ungefragt. Sobald man beginnt sie zu kritisieren, verliert sie ihre Macht, wie das Symbol des Kommunismus mit dem jupiterischen Hammer und der saturnischen Sichel treffend veranschaulicht hat. Im gleichen Jahr 1968 brach aber in Amerika die tatsächliche Gegenbewegung durch, getragen vom Human Potential Movement, dem New Age und der Anerkennung der experimentellen esoterischen Religion als geistiger Demokratie, dank welcher der Nachthimmel durch Kenntnis der verdrängten Traditionen wieder zugänglich wird. Jeder glaubt seinen eigenen Weg zu finden oder finden zu können. Die Tabus der Sexualität und der Astrologie schwinden, der Schamanismus wird zur Massenbewegung. Durch die technologische Revolution der Computer erfährt sich der einzelne als Spieler. Alle traditionelle Hierarchie wird als tierische Projektion entlarvt. An die Stelle der senkrechten, als Spiegelbild des Himmels gedachten Aufstiegsordnung mit der Forderung nach Gehorsam gegenüber dem Bekenntnis tritt die persönliche Sinnfindung.

Die Weltreligionen erweckten das Ich als den einzigen Weg zu Gott, setzten aber vor die Auferstehung das jüngste Gericht und das unbegreifbare Mysterium. Alle Esoteriker, die in den letzten Jahrtausenden die Wahrheit suchten und fanden, mußten vorsichtig im Untergrund wirken. Doch die innere Wahrheit – im biblischen Mythos die Weisheit vor der Sprachverwirrung durch den Turmbau zu Babel – lebte in kleinen Kreisen fort. Sie bedurfte keiner Tradition und Organisation, weil jeder sie aus eigenem Streben erkennen kann, auch wenn er keinen Zugang zu den Schriften hat.

Im Judentum waren die Träger der Esoterik die spanischen Kabbalisten; im französischen Compagnonage der Handwerker die Stufen von Lehrling, Geselle und Meister, bei den Sufis die Brüderschaften, bei den Persern die Ritter, bei den Indern die Yogis und einzelne Mystiker, die nie bekämpft wurden. Die drei intimen Koordinaten Gottes – die ewige Stimme im Feuer, der Mensch im All als Urbild im Tierkreis, die neun Ziffern mit der Null als Wirkweisen Gottes – konnten in kleinen Kreisen weitergetragen werden.

Als die politische Macht der Inquisition zu stark wurde, um Schulen zu ermöglichen – jeder, der einen Häretiker mit Erfolg denunzierte, bekam dessen Besitz zugesprochen –, fand im Hochmittelalter 1299 eine Gruppe in Venedig einen Weg, das Wissen gefahrlos zu übermitteln: Durch die Erfindung des Kartenspiels. Nicht des Tarot, der erst im 15. Jahrhundert als Wahrsagetechnik entstand, sondern durch Schaffung der ganz normalen Spielkarten, mit denen man öffentlich im Wirtshaus das Wissen vermitteln konnte, ohne Gefahr zu laufen, daß Feinde es merkten.

Die hermetische Weisheit ist erreichbar, wenn man die Materie erkennt. Sie ist gleichzeitig Weg der Läuterung und Magnum Opus. Da die Übertragung mündlich war, und jeder, der sich damit beschäftigte, in Lebensgefahr schwebte, ist es erst in jüngster Vergangenheit Pierre Riffard gelungen, die Geschichte der Esoterik nachzuzeichnen. Aber mir geht es nicht um die Geschichte, sondern um die praktische Anwendung dieses Wissens, um es als Gegenpol des wirtschaftlichen Lebens der persönlichen Offenbarung zugänglich zu machen. Ich verwende die Karten der Intention nach wie die mittelalterlichen Handwerker, aber bestimme und deute sie nach den Grundbegriffen und Inbegriffen des Rades.

In der Konstruktion des Rades entsteht das Enneagramm am Punkt 10 der rechten Achse des Zahlenkreuzes. Hiermit werden die vier ganzzahligen Reihen zu vier verschiedenen Erzeugungsprinzipien: Die rechte Achse ist das Bewußtsein, die linke die Selbstorganisation, die obere die Energie und die untere die Materie. Die Planetensignaturen und die Sinnträger sind verschieden. Wir werden sie jetzt als Kennworte im einzelnen ausführen, wobei wir als Symbolträger die üblichen französischen Karten verwenden.

Im Kartendeck kommen dazu die Bilder des Tierkreises: der Bube als labiles geistiges Zeichen, die Dame als kardinal seelisches und der König mit den beiden Symbolen von Yang und Yin, von Reichsapfel und Zepter, das fixe körperliche Zeichen, ursprünglich esoterisch Lehrling, Geselle und Meister.

Das Gesetz der Materie in den Karo-Karten (Körper-empfinden) ist der Tierkreis mit den Planeten.

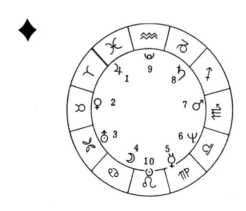

Das Gesetz des Bewußtseins der Treffkarten (Seele-denken) ist das Enneagramm der Grammatik.

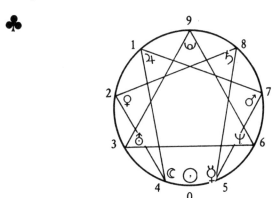

Das Gesetz der Energie der Herz-Karten (Geist-fühlen) ist die Reihung im Mikrokosmos.

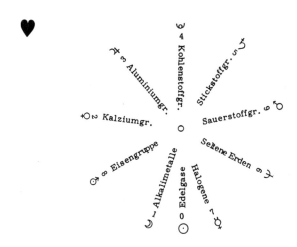

Der neue Name Gottes

Das Gesetz der Selbstorganisation der Pik-Karten (Gewahrsein-wollen) ist der sakrale Raum der Himmelsrichtungen zusammen mit der ptolemäischen Reihung der Planeten-Sphären.

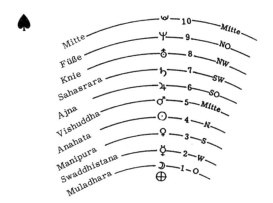

Die Himmelsrichtungen stehen nicht mit den Planeten, sondern mit den Planetensphären und den Chakras als Empfangsstationen in Beziehung.
Karo- und Treff-Karten betreffen das Ich, Herz- und Pik-Karten das Selbst.

A) Karo-Karten

♦ 1. Heilen – Jupiter.
Der Mensch hat eine Autorität, die aus seiner Beziehung zur Gnade, zum Heilen erfließt. Die erste Intention bedeutet, diese Fähigkeit in sich zu erwecken. Heilen heißt, den anderen und dadurch sich selbst zur Ganzheit zu führen, körperlich, seelisch oder geistig.
♦ 2. Gestalten – Venus.
Ist die eigene Autorität erreicht, dann kommt als zweiter Schritt die Fähigkeit zur Gestaltung (Venus). Sie erfordert die Anerkennung des eigenen Lebensstils, was immer dieser sei.

♦ 3. Erkennen – Uranus.

Aus dem eigenen Stil setzt die persönliche uranische Entwicklung an. Ist bei der Venus eine Gefahr die Nachahmung anderer, ist es beim Uranus die endliche Zielsetzung, etwa das Lernen nur auf Diplome abzustimmen, statt auf den Wechsel der eigenen Interessen im Lebenskreis.

♦ 4. Wünschen – Mond.

Es ist schwer zu den Wesenswünschen durchzustoßen, da die traditionelle Erziehung sie unterdrückte. Hier gilt es die eigenen Bedürfnisse zu achten und an ihnen anzusetzen.

♦ 5. Unternehmen – Merkur.

Sind die Bedürfnisse einmal anerkannt, dann stellt sich die Frage des Vermögens. Wie erwerbe ich das nötige Geld, um Ziele zu verwirklichen, wirtschaftlich unabhängig zu werden. Dies heißt auch Vermögen im Sinne von Fähigkeit und Resultat; mich im Tun prüfen, und die Frage stellen „was bringt es?"

♦ 6. Kommunizieren – Neptun.

Kommunion und Kommunikation kann nur im Rahmen der Mitmenschlichkeit vollzogen werden, den man sich zuspricht. Man muß in der Gesellschaft jene Menschen finden, zu denen man gehört und mit denen man über den Dialog einen neuen gemeinsamen Einsatz findet.

♦ 7. Kämpfen – Mars.

Der Einsatz verlangt, daß man um die Werte weiß, die einem wichtiger sind als das Überleben. Es gibt kaum jemanden, der nicht Ziele hat, die über den Tod hinausgehen.

♦ 8. Verantworten – Saturn.

Verantworten bedeutet die eigene Kompetenz zu kennen, nicht höher zu zielen und auch nicht niedriger, also nicht nach Macht zu streben, die die eigene Autorität übersteigt.

♦ 9. Entwerfen – Pluto.

Pluto ist die Fähigkeit des Entwerfens, der Vervielfältigung. Hier muß man die Klippe der ewigen Wiederholung, den Hades überwinden und Drehbuchschreiber, Regisseur und Schauspieler in einem werden.

♦ 10. Schönheit – Sonne.

Leben beruht auf dem Licht der Sonne, dank deren Energie wir imstande sind, unsere Kräfte zu bündeln und aus der einen Mitte, der Lichtquelle unseres Wesens, zu lenken. Die Sonne stirbt makrokosmisch, sie verbrennt, um uns das Leben zu ermöglichen. So müssen wir für die Verschönerung der Erde leben, uns der Liebe überantworten und den Hass vermeiden.

♦ Bube, auch Mädchen (Lehrling), Arbeit, Jungfrau.
Der Ansatz des Empfindens ist die Arbeit, die Rohstoffe in Werte verwandelt und Dinge verbessert.

♦ Dame (Geselle), Beruf, Steinbock.
Der Beruf ist die Stellung, in der man durch Pflichterfüllung seinen Platz in der Gesellschaft verdient.

♦ König (Meister), Lebensunterhalt, Stier.
Jeder braucht seinen Erwerb, ob dieser nun Gehalt oder Einkommen ist. Er muß dem Wesen entsprechen, nicht funktionell gedeutet werden mit falschen Unendlichkeiten wie Wirtschaftswachstum und Vollbeschäftigung. König ist, wer die materiellen Umstände seinen Bedürfnissen entsprechend meistert.

Im Horoskop sind die Planeten in einer bestimmten Stellung oder beeinflussen laufend das Dasein. Durch Wahl der Karten kann man ihren Impuls unabhängig vom Horoskop anjochen.

B) Treff-Karten

♣ 1. Anschauung – Jupiter.
Die geometrische Intuition, das Rad als komplette Darstellung aller Verhältnisse der ebenen Geometrie, ist imstande, eine klare Anschauung zu vermitteln. Geometrische Wahrheiten sind unmittelbar evident. Das Rad ist sowohl arithmetisch zu erweisen, als auch in der Traumvision als unmittelbare Schau der Ganzheit zu erleben.

♣ 2. Begreifen – Venus.
Zu der waagrechten Intuition tritt der senkrechte Regreß des Hauptwortes: für jede Einzelheit gibt es einen zusammenfassenden Begriff. Zur Wahl der richtigen Begriffe bedarf es eines angepaßten Wortschatzes. Das Entdecken eines Wortes, das dem Sachverhalt entspricht, schafft und gebiert diesen Faktor im Bewußtsein.

♣ 3. Verstehen – Uranus.

Verstehen bedeutet etymologisch, etwas um sich herumstellen, um es dadurch aus der Mitte zu beherrschen, wie im Bilde des Polarsterns am Nachthimmel. Der Mensch wird durch seine Erinnerung von weniger zu mehr; er kann etwa einen Witz oder den pythagoräischen Lehrsatz nicht zweimal verstehen.

♣ 4. Vorstellung – Mond.

Schopenhauer kündete: meine Welt ist Wille und Vorstellung. Dieser denkerische Begriff bedeutet die Fähigkeit, einen nicht der Erfahrung entstammenden Gesamtzusammenhang vor dem inneren Auge zu halten und sich darin frei zu bewegen. Im Vorstellungsbereich muß man von der Unklarheit zur Klarheit gelangen.

♣ 5. Urteilen – Merkur.

Urteil bedeutet das Gleichgewicht von Analyse und Synthese. Das Urbild ist die mathematische Gleichung. Hier gilt es zu erkunden, ob genügend Begriffe zur Verfügung stehen, die anschaulich und klar zu bestimmen sind.

♣ 6. Besprechen – Neptun.

Die Kommunikation des Empfindens zielt auf Dialog und Begegnung, das Besprechen der Treff-Karten auf die Sache, das klar umgrenzte Thema, das Problem, das zu lösen wäre.

♣ 7. Fragen – Mars.

Voraussetzung ist, sich im klaren zu sein, was man tatsächlich nicht weiß, und davon ausgehend ins Unbekannte vorzudringen. Philosophie ist letztlich die Fähigkeit zu fragen, da die Antwort sich daraus ergibt.

♣ 8. Erklären – Saturn.

Erklären bedeutet, einen Tatbestand oder Sachverhalt so darzustellen, daß der Gesprächspartner ihn als solchen erkennt und nach der Einsicht handeln kann. Was man nicht zu erklären imstande ist, hat man weder begriffen noch verstanden.

♣ 9. Planen – Pluto.

Planen bedeutet Zeiteinteilung und Zeiterfindung im Sinne der Wortform des neunten Sprachimpulses: die Vereinigung von Vergangenheit und Zukunft in der Gegenwart durch die Bedingungen, die das Mögliche aktiv, passiv oder mitschwingend verwirklichen. Im Planen erfindet man eine neue Zeit und damit ein neues Lebensspiel.

Die Inbegriffe des Bewußtseins als Kennworte, ermöglichen uns, die Schranken vorgegebener Denksysteme zu überwinden und in die freie Erkenntnis zu gelangen. So wird die sprachliche Grammatik zur Klaviatur des Denkens für den Menschen auf dem Weg zur seelischen Freiheit.

♣ 10. Wahrheit – Sonne.

Wahrheit ist biblisch die Sprache vor dem Turmbau zu Babel, der artikulierte Innenbau der Welt als Entfaltungsgrundlage des Wesens. Es gibt keine persönliche Wahrheit, sondern nur Wahrhaftigkeit. Der Apostel Johannes kündete: Der Weg der Wahrhaftigkeit wird euch in die Wahrheit führen.

♣ Bube, Werdegang – Zwillinge.

Der Ausgangspunkt dieses Tierkreiszeichens sind Neugier und Interessen, die Welt der Information und Wissenschaft.

♣ Dame, Geselligkeit – Waage.

Hier ist der Ort der Gemeinschaft, des gesellschaftlichen Kontaktes, von Recht und Sitte und legal gebundenen Beziehungen.

♣ König, Systemik und Technologie – Wassermann.

Dies ist die Welt der Geräte, Maschinen und Computer, die die Zivilisation der Wassermannzeit prägt. Der König beherrscht diese Welt. Er kennt und meistert System, Struktur und Ablauf, die er kombinatorisch einsetzt.

C) Herz-Karten

Fühlen ist Teilhabe an der Liebe, die Entfaltung des Selbst, dessen Sehnsucht sich auf Befreiung und Erlösung richtet. Die Kennworte des Geist-fühlens bezeichnen Etappen der Entfaltung, die wir als Krisen im zweiten Kapitel beschrieben. Im Unterschied zu Empfinden und Denken überfallen einen die Triebe als innerer Drang, dem man nicht entrinnen kann. Man muß den Mangel als Ausgangspunkt akzeptieren.

Doch genauso wie wir die Kennworte der Materie frei kombinieren, können wir dies auch mit den Motivationen; wir sind nicht an ihre natürliche Zeitfolge gebunden. Wenn es uns gelingt, die Herzkarten zu integrieren, dann können wir viel unnötiges Leiden vermeiden.

♥ 1. Grundvertrauen – Mond.

Das Kind im Mutterleib erlebt sich als Einheit mit der Mutter und hat keine Sorge ernährt zu werden. An die Stelle der physischen Mutter muß die Erde treten und mit ihr das Vertrauen, daß man immer imstande sein wird, sein Auskommen zu finden.

♥ 2. Anpassung – Venus.

Man findet das Auskommen in Gemeinschaft mit anderen Menschen. Wenn man von ihnen erwartet, daß sie einem wohl wollen, dann tun sie es. Anpassung als Kennwort ist nicht negativ im Sinne des Behaviorismus zu interpretieren, sondern bedeutet, der Welt und den Mitmenschen durch Einfühlung gerecht zu werden.

♥ 3. Inbild – Jupiter.

Hat man seinen Platz in der Anpassung gefunden, so erfährt man eines Tages die Verschiedenheit des Ich von dem der anderen, die einem als Inbild, als höchste Möglichkeit aufleuchtet. Auf dieses bezieht sich die Vorstellung der Würde, der Autorität, welches Wort Urheberschaft seiner selbst bedeutet.

♥ 4. Strategien – Pluto.

In der Anpassung gibt es keine Probleme mit anderen. Doch das Inbild verlangt, sich als Verschiedener in der Gesellschaft zu behaupten. Strategie bedeutet das Geschick im Sinne der chinesischen Kriegskünste immer zu gewinnen, indem man das, was man tut und was einem zustößt, als nächsten Schritt betrachtet.

♥ 5. Norm – Saturn.

Strategien sind dauernd zu erneuern. Erreicht man eine öffentliche Stellung, die von der Gesellschaft für nützlich gehalten wird, braucht man nicht mehr dauernd auf Strategien zurückzugreifen. Dem approbierten Arzt glaubt man, daß er bestrebt ist zu heilen; dem Beamten gibt man die Anständigkeit vor, solange er sich nicht als unwürdig und korrupt erwiesen hat. Beruf ist nicht geistige Berufung, sondern eine nützliche Funktion für die Öffentlichkeit.

♥ 6. Prioritäten setzen – Mars.

Von einer anerkannten Stellung aus kann man daran gehen, auch das gesellschaftliche Leben mitzugestalten und zu fördern. Hierbei muß man die richtigen Prioritäten setzen und sich nicht von kollektiven Marsimpulsen mitreißen lassen, wie das immer wieder in Revolutionszeiten geschieht. Auch im privaten Bereich muß man wissen, was für einen das Vordringlichste ist.

♥ 7. Individuation – Merkur.

Der Merkur der Herzkarten ist Hermes Trismegistos der Alchemie, in allen drei Welten zu Hause. Wer sich im Kampf auf seinen Mut verläßt und den Tod nicht fürchtet, kann Fügungen als Leitfaden seines Daseins gebrauchen. Wenn einer die Individuation erreicht, ist er gleichmütig; er weiß, daß die Welt ihm im Grunde wohl will und der richtige Weg entsteht, wenn er den Zeichen vertraut und nach ihnen handelt.

♥ 8. Mantik – Uranus.

Das Eisen, die mikrokosmische Entsprechung, verbindet Himmel und Erde, ursprünglich entstammt es den Meteoren. Auch das religiöse Opfer hat eine doppelte Bedeutung, Himmel und Erde vereinen sich im Tun. Mantik verlangt die Kenntnis der Gesetze von Raum, Zeit und Zahl, um das Heilige in der profanen Welt zu verwirklichen, so daß es immer wieder zur Zuflucht werden kann, im Orakel, im Feiern von Festen und in bestimmten Initiationsabläufen.

♥ 9. Mystik – Neptun.

Sind die Kriterien der Mantik bekannt, dann ist der nächste Schritt die unmittelbare Wahrnehmung des Jenseits. Das Selbst ist fähig, die Fernsinne des Auges und des Ohres kosmisch und transzendent zu verwenden. Man erreicht ein unmittelbares Wissen, ohne beschreiben zu können, wie man dazu kommt. Man hat am morphogenetischen Feld teil, an der Sprache des Himmels und des Gewahrseins. Es ist die mystische Erfahrung, die im Diesseitigen ihren Niederschlag findet.

♥ 10. Güte – Sonne.

Die Herzkarten der Motivationen sind aus dem Mikrokosmos gesteuert. So ist die Vereinigung von Ich und Selbst die Voraussetzung der Befriedung und damit der Güte. Diese ist chinesisch als Wasser symbolisiert, und das Wasser als gesättigtes Molekül hat die Zahl 10, H_2O, zwei Wasserstoffelektronen und acht Sauerstoffelektronen. So kann das Wasser, Grundlage allen Lebens, Kraft und Information aufnehmen. Flüssige Kristalle sind die Grundlage des genetischen Codes, und das Bewußtsein kann sich wie im Weihwasser auch in heiligen Quellen und Teichen sowohl mit Kraft als auch mit Licht sättigen. In vielen Traditionen wäscht die Taufe die karmische Vergangenheit ab, so im Asklepiosmysterium in Kos.

Die drei Wasserzeichen des Tierkreises nehmen dieses Ziel der Güte vorweg. Sie prägen die tiefste Sehnsucht des Menschen. Der Islam kündet: hinter jedem Trieb steht die Sehnsucht nach Allah, welches Wort den Wunsch des Verdurstenden in der Wüste nach Wasser ausdrückt.

♥ Bube, Glaube – Fische.

Glaube ist das Bekennen des Weges der Läuterung als Sinn des Daseins. Wer zum Glauben durchstößt – und dieser ist an keine Tradition gebunden –, der ist nicht mehr der Welt verhaftet; der Weg zur Neuen Erde ist frei.

♥ Dame, Familie – Krebs.

Die Geschichte der Menschheit begann in der Konstellation Krebs. Die soziokulturelle Tradition war in der Jungsteinzeit keine praktische Wissensübermittlung, sondern die Erziehung der Kinder zur Erkenntnis des offenbarten Lebenssinnes, wie sie sich in den ältesten Stämmen und Klans rein erhalten hat. Der Schwerpunkt des Heims und der elterlichen Fürsorge ist die Einfühlung. Nicht die künftige Tüchtigkeit steht im Vordergrund, sondern die Tatsache, daß jeder Mensch der Gottheit gleich lieb ist und daher auch die Eltern in der Familie keinen Wertunterschied zwischen den Kindern setzen dürfen.

♥ König, Tod – Skorpion.

Das Leben ohne Wissen des Todes bleibt sinnlos. Der Skorpion ist das Tor zur Urkraft. Er erlöst im Stirb und Werde aus den Assoziationsketten des Alltags und eröffnet damit die Fähigkeit zum Ergreifen von Gelegenheiten, zur Zukunft. Diese wird über die Transzendenz zugänglich, wenn man sich im Sinne der Pikkarten ihren Mächten überantworten kann.

D) Pik- Karten

Im Fühlen bedrängt einen der Mangel von innen als Motivation. Im Wollen muß man sich dem Jenseits überantworten, denn alles Wachstum, alle Entfaltung kommt von den göttlichen Mächten. Die religiösen Traditionen sind ebenso wahr wie die Wissenschaft, nur die Interpretationen waren oft vorläufig und verfälscht.

♠ 1. Osten, Feuer – Mond.

Die Stimme der Offenbarung verstummt nie. Sie ist jedem zugänglich, dessen Ich die Leere des Gewahrseins erreicht. Sie kommt aus dem Osten, wo die Sonne aufgeht, bringt Licht und Erleuchtung, Weisung aus dem Feuer, wie die Stimme Jahves im brennenden Dornbusch.

♠ 2. Westen, Mineral – Merkur.

Der Mensch öffnet sich im Westen der Erleuchtung des Ostens, um aus ihr im Einklang mit dem Göttlichen zu wirken und um im Wandel zu bestehen, indem er Einblick in die irdische Wirklichkeit gewinnt. Nur Osten und Westen haben das Gleichgewicht von Tag und Nacht, Tonal und Nagual, „the crack between the worlds", die heilige Dämmerung.

♠ 3. Süden, Pflanze – Venus.

Im Süden zu Mittag, wenn die Sonne im Zenit steht und ein neuer Tag beginnt, lernt der Mensch zu strahlen. Vertrauen und Unschuld ermöglichen ihm, die anderen zur großen Gemeinsamkeit zu führen. Man bittet um die Hilfe des Südens, wenn man des Selbstvertrauens ermangelt und meint, daß andere einem böse wollen; durch die persönliche Umkehr erreichen auch diese die Wandlung.

♠ 4. Norden, Tier – Sonne.

Jedes Tier kennt seinen bestimmten Platz, sein Wirkfeld im Ganzen der Natur und erlernt die entsprechenden Strategien. Auch der Mensch muß sein Wirkfeld, seine „Medizin" finden; dann wird der Geist der Tiere ihm Helfer und Lehrer sein.

♠ 5. Mitte, Mensch – Mars.

Der Mensch ist ein Keim der Entwicklung zur Neuen Erde, wenn er zum Mut findet und der Sicherheit entsagt. Wer nach den vier Idealen strebt – Schönheit, Wahrheit, Güte und Gerechtigkeit – gehört zu jenen, die guten Willens sind und mit denen zusammen die Feste der Wassermannzeit vollzogen werden.

♠ 6. Südosten, Ahnen – Jupiter.

Geschichte ist nicht die Reihung von Geschehnissen, sondern die Entfaltung der Menschheit, die im Weltenjahr an Umfang wuchs, bis sie heute global geworden ist. Von den Ahnen, den Lehrern und Wegbereitern, erhält man Hilfe, um an ihrem Werk anzuknüpfen und es zu vollenden. Hier eröffnet sich die eigene Zukunft im Geist, man findet seine Richtung, die ins Unendliche weist.

♠ 7. Südwesten, Elementale – Saturn.

Herr des Schicksals ist Saturn, der die Existenz gemäß seinem 29-jährigen Umlauf in eine körperliche, seelische und geistige Phase gliedert. Dieses Schicksal wird durchbrochen mit Hilfe der Elementale, der Naturgeister, die in der Traumwelt als Trolle der Erde, Zwerge der Luft, Feen des Wassers und Elfen des Feuers erscheinen. Die Trolle sorgen für die Erde, die Zwerge für die Zivilisation, die Feen erfüllen unmäßige, die Routine sprengende Wünsche, und die Elfen verleihen die Freude und Heiterkeit der Feier. Öffnet man sich ihrer Kraft, so wird man für den Reigen der Elemente durchlässig, wie es die orphischen Mysterien lehrten.

♠ 8. Nordwesten, Engel – Uranus.

Im Nordwesten erlebt man jenen Teil des Göttlichen, der den eigenen Entfaltungsweg offenbart und fördert; der einem zur Seite steht, sobald man sich ihm öffnet und fragt, wie der Zusammenhang mit den positiven Kräften im großen Gleichgewicht zu wahren ist, wie das endliche Tun sich mit dem unendlichen Sein verbindet.

♠ 9. Nordosten, Musen – Neptun.

Die Macht der Neun ist im Mikrokosmos die Welt der Elemente, in der menschlichen Sphäre die Sprache, im Makrokosmos die Planeten und in der Transzendenz die Musen. Diese stehen einem als Born der Mitarbeit am Werk zur Verfügung, wenn man es nicht selbst „machen" will und seiner vermeintlichen Genialität zuschreibt. Inspiration läßt sich weder machen noch erzwingen. Sie bedeutet Teilhabe am Welttheater, an Lila, dem Spiel der Götter.

♠ 10. Mitte, Mensch im All – Pluto.

Pluto ist der Herr des Hades, der Hölle der ewigen Wiederholung, aber im morphogenetischen Feld der Geschichte die Schwelle zur Neuen Erde und zum Menschen im All, dessen Urbild der Tierkreis ist. Das Ideal der Gerechtigkeit im Tun bedeutet, dafür zu sorgen, daß jedes Wesen der Welt seinen sinnvollen Platz im Ganzen findet, wie es das chinesische Buch der Wandlungen beschreibt: fördernd ist Beharrlichkeit.

♠ Bube, Aufgabe – Schütze.

Aufgabe im doppelten Sinn – den Egoismus aufgeben und seinen Weg im galaktischen Bereich erkennen – verlangt Zuwendung zur Offenbarung. Der Signifikator Ketu ist im indischen Mythos nur Rumpf, kein Kopf. Der Weg wird zur geistigen Berufung.

♠ Dame, Persönlichkeit – Widder.

Das Ich muß durchklingend werden, was der lateinische Begriff personare bedeutet. Die echte Persönlichkeit ist eine soziale Rolle; man ist nur Kopf, kein Körper im Sinn des Signifikators Rahu, und die anderen folgen einem willig.

♠ König, Meisterung – Löwe.

Luzifer ist der Zwillingsstern der Sonne, der in seinem Tod die Planeten gebar. Die Sonne ist oberhalb unserer Welt. Der Mensch darf sich ihr Licht nicht zusprechen, sondern soll es tragen, auf daß er Teil der Lichtwelt der auferstandenen Menschen werde.

Der König der Pikreihe ist Lichtträger und Mitspieler am Welttheater. Er schöpft aus der Tiefe seiner Intuition, die mit dem Wollen des Göttlichen übereinstimmt.

So ergeben sich als Arcana 52 Karten, die der Anzahl der Wochen im Jahr als der kreativen Tätigkeit des Menschen im Unterschied zum zyklischen Ablauf der Sonne und der Planeten entsprechen. Das Zahlenkreuz ist das Werkzeug des Demiurgen und damit auch des Menschen. Wenn es ihm gelingt, im Spiel vom raumzeitlichen Bewußtsein in das augenblickshafte Gewahrsein überzuwechseln, dann kann er in jeder Lage zum Einklang mit Gott und der Null durchstoßen.

Die Null ist der Aszendent, der Ostpunkt auf der Erde, die innere Leere. Durch sie und die vier Wege wird das Ich befreit und Teil des Göttlichen. So wird der Mensch fähig, den Schwerpunkt seiner Existenz vom Überleben auf das Werk zu verlegen. Diese Haltung des Lebensspiels – wie sie Hermann Hesse im Glasperlenspiel und Josef Matthias Hauer im Zwölftonspiel intuierten – wird nun von Wilhelmine Keyserling im folgenden dargestellt.

Der neue Name Gottes

DAS SPIEL

Das Meisterspiel ist eine spielerische Art, sich auf die Qualität der Zahlen einzustimmen und Antwort auf eine Wesensfrage zu erhalten. Während der Tarot die mythologische und historische Ebene seiner Entstehungsorte, der Städte und Länder, die ihn geprägt haben, einbezieht, gründet das Denkspiel auf den nackten Zahlen – in der Reihung der Schöpfungsprinzipien bis 9 –, die aber im Empfinden ♦, Denken ♣, Fühlen ♥ und Wollen ♠ verschiedene Aspekte einer systemischen Ordnung ausdrücken.

Die *Karo-Zahlenreihe* des Empfindens – siehe Tabelle – leitet sich aus dem Tierkreis unter Einschluß der Enneagrammstruktur der Planeten ab.

Die *Treffreihe* des Denkens gründet auf dem Verständnis der 9 Wortimpulse der Grammatik (Wortarten), die auch der Enneagrammstruktur entsprechen. So steht z.b. die 1 in der Karoreihe für das Herstellen eines heilenden ganzheitlichen Zusammenhangs, während sie in der Treffreihe als „Anschauung" eine denkerisch ganzheitliche Sicht vermittelt.

Die *Herz-Zahlenreihe* des Fühlens gründet auf den Elementegruppen, doch um ihre Korrespondenz zum praktischen Leben zu erkennen, verstehen wir die Zahlen dieser Kolonne als energetische Etappen, als Krisen, wie sie die Psychologin Charlotte Bühler ohne weitere Kenntnis der Astrologie erforscht hat. Ihre Beobachtungen waren so treffend, daß sich die Korrespondenz zu Zahl und Planet ohne weiteres ergab. Demnach ist die erste Etappe im Menschenleben das Urvertrauen; das Kleinkind wird ernährt. Die zweite Etappe ist die der Anpassung. Das Kind merkt: wenn es sich an die Wünsche von Papa und Mama anpaßt, geht alles gut. Etappe 3: das Menschenkind ist aber selbst jemand Besonderer und hat eine Vorstellung dieser höchsten Möglichkeit; das ist das Inbild, usw.

Die Etappen zeigen sich in der Entfaltung des Menschen, sind aber niemals abgeschlossen. Das Kartenspiel kann daher auch Erwachsenen andeuten, daß Anpassung oder Einstehen zum eigenen Inbild notwendig ist, nicht im allgemeinen, sondern in Bezug auf einen ganz bestimmten Aspekt der Psyche.

	MATERIE ♦	BEWUSSTSEIN ♣	ENERGIE ♥	SELBSTORGANISATION ♠
1	♃ HEILEN	♃ ANSCHAUUNG	☽ GRUNDVERTRAUEN	☽ OSTEN FEUER-VISION
2	♀ GESTALTEN	♀ BEGREIFEN	♀ ANPASSUNG	☿ WESTEN MINERAL
3	♅ ERKENNEN	♅ LERNEN	♃ INBILD	♀ SÜDEN PFLANZE
4	☽ BEFRIEDEN WÜNSCHEN	☽ VORSTELLEN	☾ STRATEGIEN	☉ NORDEN TIER
5	☿ UNTERNEHMEN	☿ URTEILEN	♄ NORM	♂ MITTE MENSCH
6	♆ KOMMUNIZIEREN	♆ BESPRECHEN	♂ WERTEN	♃ SO AHNEN
7	♂ KÄMPFEN	♂ FRAGEN	☿ INDIVIDUATION	♄ SW GEISTER
8	♄ VERANTWORTEN	♄ ERKLÄREN	♅ MANTIK	♅ NW ENGEL
9	☾ ENTWERFEN	☾ PLANEN	♆ MYSTIK	♆ NO MUSEN
10	☉ SCHÖNHEIT	☉ WAHRHEIT	☉ GÜTE	☾ GERECHTIGKEIT

Die vierte Kolonne des Wollens, *Pik*, leitet sich aus den acht Raum-richtungen als Kraftlinien oder „Mächten" her, von denen der Mensch, bewußt oder unbewußt, von hinten getragen, gestützt wird, um nach vorne im Wirkfeld agieren zu können. Die Korrespondenz zu den Pla-neten entspricht hier der sogenannten Himmelsleiter, der ptolomäi-schen Reihung ihrer Umlaufzeiten. Die Basis bildet die Erde mit 24 Stunden, dann kommt der Mond mit 21 Tagen, dann Merkur etc. Die Planeten sind hier nicht Träger vielfältiger Wirkweisen wie im Horo-skop, sondern einfache potentielle Qualitäten.

Die Qualitäten der Planeten als Himmelsleiter ignorieren wir, wenn Interessenten zum ersten Mal am Meisterspiel teilnehmen. Wichtig in dieser Kolonne ist aber, daß die Karte des *Ostens* dazu anregt, sich der Macht der Erneuerung und Offenbarung zu öffnen, die des *Westens* das Loslassen von assoziativen Sorgen und das Ergreifen des Wesentlichen meint, während die des *Südens* bedeutet, daß die Rückkehr zu Unschuld und Vertrauen nötig ist, und die des *Nordens* Weisheit im Tun verlangt und vermittelt.

Die Zuordnung der „Zeitkarten" Bub, Dame und König ist aus dem Tierkreisformular ersichtlich.

Ein Meister des Rades muß das Spiel leiten, dann ist es auch für neue Teilnehmer anregend. Diese sollten bloß den Tierkreis und das Ennea-gramm kennen.

Wie gestaltet sich dieser gemeinsame Ritus? Zuerst werden alle Karten zur Übersicht aufgelegt und an Hand der Tabelle besprochen. Dann wird gefragt, wer ein Problem oder eine Frage hat, die sich weniger auf ein praktisches Tun bezieht als auf eine Einstellung, die die Selbstwerdung fördert.

Hier ist nun herauszufinden, zu welcher Zahl das Problem gehört. Diese Zahl als geometrische Figur werden wir dann verdeckt auflegen. Das Betrachten des Problems über die geometrische Figur zielt auf den Sinn, den die Situation für uns haben kann. Wir bleiben im keimhaften Erfassen, das uns keine Sicherheit bietet – die Begriffe sind nur Kennworte –, aber sie können uns mit unseren Urgründen in Beziehung setzen.

Die neun Zahlen als Schöpfungsprinzipien sind in ihrem räumlich-geometrischen Aspekt ebenfalls Schöpfungsprinzipien. Das geometrische Bild der Zahlen kann uns helfen, ihre Eigenart zu erfassen.

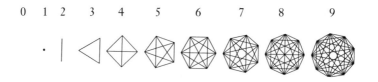

Die Struktur der Fragen:

1 Eine einzige Karte wird man nur ziehen oder auflegen, um zu sehen: Was fördert derzeit meine ganzheitliche Einstellung?

2 Probleme der Partnerschaft: ich links, du rechts. Es gibt auch andere Dualitäten, z.B. (links) mein Selbst, (rechts) meine Person.

3 Wie kann ich mein Ziel finden oder erreichen? Anschaulicher ist die Drei senkrecht übereinandergelegt: Ansatz – Methode – Ziel.

4 mag ich auflegen, wenn ich mich einseitig verrannt habe. Wie kann ich meine Mitte finden zwischen empfinden (links), fühlen (rechts), denken (oben), wollen (unten) wie im Tierkreis.

5 betrifft Selbstverwirklichung: Wie kann eine schwierige Situation der Selbstwerdung dienen?

6 betrifft das Wirken in der Gemeinschaft oder in einer Gruppe.

7 antwortet auf die Frage, wie ich meine Initiative finden kann.

8 mag einer auflegen, der sich unter den gegebenen Umständen, vielleicht der Leitung eines Betriebs oder einer Schule, überfordert
fühlt und sich den Kräften des Raumes öffnen will, um mit ihrer
Hilfe harmonisch zu wirken.

9 in der Enneagrammfigur werde ich auflegen, wenn ein Lebensentwurf bevorsteht, ein neuer Abschnitt, der eine Umordnung und
Neuordnung all meiner Kräfte verlangt.

Das Meisterspiel ist ein Frage-Antwort-Spiel.
Nehmen wir als Beispiel eine Frage, die auf Selbstverwirklichung
zielt, 5.
Der Vorgang: Die Karten werden von einem der Freunde gemischt,
der Fragende hebt dreimal ab, das unterste Päckchen kommt nach
oben. Mit den obersten fünf Karten – Reihenfolge nach Belieben – wird
er verdeckt ein Fünfeck auflegen. Dann wählt er – nach Belieben – eine
der Karten, um sie umzuwenden. Lassen wir ihn in diesem Beispiel mit
dem linken Fuß beginnen. Die Frage ist: Was ist mein Standbein, auf
das ich mich verlassen kann? Dann wendet er die Karte des rechten
Fußes um: Was ist mein nächster Schritt? Linke Hand: Was ist meine
Begabung im Tun? Rechte Hand: Wie soll mein Handeln sein? Und
der Kopf, sozusagen der Chef der Fünf: Wie finde ich die richtige Einstellung zur Situation? Alle helfen mit, die Fragen zu formulieren und
die Antwortkarten zu deuten.

Bei der Sieben fragen wir etwas gemäß den Planeten, die der Woche
zugrundeliegen. Mond: Wie soll meine Vorstellung sein? Mars: Worin
besteht meine Initiative? Venus: Worin meine Kreativität? etc.

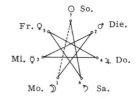

Bei Problemen, die unter 4 und 6 fallen, ist der Tierkreis Hintergrund der einzelnen Fragen. Nehmen wir zum Beispiel 6, Wirken in Gemeinschaft: Die Karten liegen auf Widder, Zwilling, Löwe, Waage und Wassermann. Die Widderfrage: Wie ist mein persönlicher Einsatz? Zwilling: Was gilt es zu lernen, welchen Informationen können wir uns zuwenden? Löwe: Was muß ich meistern, um die Gruppe zu leiten? Waage: Wie finde ich Kontakt und Zuwendung zur Gemeinschaft? Schütze: Was ist unser gemeinsames Ziel? Wassermann: Was hält den ganzen Vorgang zusammen? Jeder mag an den Formulierungen dieser Fragen mitwirken.

So ist das Meisterspiel ein kreatives spielerisches Kennenlernen des Rades und setzt ein subjektives Problem auf die Ebene des Weltverständnisses. Das Aufdecken jeder Karte erweckt die kreative ganzheitliche Schau der Teilnehmer, die von einer „tiefen Ahnung" zur Vision werden kann.

Meine Beispiele sind skizzenhaft, denn der Zusammenhang Person-Situation ist immer einzigartig. So ist jeder, der eine Karte aufdeckt und betrachtet, ein Entdecker. Und jeder ist schöpferisch Mitwirkender an diesem Spiel, das Sinn und Leben vereint, wenn er versucht, Person, Situation, Struktur und Zahl in der Anschauung zu verbinden und in Wort und Satz auszudrücken.

IX.

Der neue Name Gottes –
Schlusswort

Wie es viele perspektivische Wissenschaften der Natur, der Gesellschaft und des Geistes gibt, so gibt es objektiv auch die religiösen Offenbarungen einer transzendenten Wirklichkeit, deren Interpretation oft ebenso einseitig ausfiel wie die wechselnden Paradigmen der Wissenschaft. Die bisherigen Weltenmonate vom Krebs bis zu den Fischen warfen mit jeder neuen Offenbarung die vorherige über Bord. Die Juden richteten sich gegen das goldene Kalb als Sinnbild des Stiers, die Christen gegen die jüdische Gesetzesfrömmigkeit des Widders im Namen der reuigen Sünder, der Islam gegen die Volksreligionen, und schließlich, am Ende der Fischezeit, die gegensätzlichen Ideologien von Kapitalismus und Kommunismus gegen jeglichen Persönlichkeitskult der Fische, gegen die Herrschaft von Hierarchie und Besitz, zur Befreiung des biologischen Menschen und damit zur Wiederbewertung der Frau. Der antiideologische Kampf ist vorbei. Die Postulate der Demokratie, der Selbstbestimmung und der Menschenrechte sind aktuell oder virtuell überall anerkannt; die Erde ist eine Einheit geworden.

Heute wäre das Überleben virtuell kein Problem. Was die biologische Menschheit am Glück hindert, ist der Mangel an Sinn, das heißt an dem Wissen, *wozu* der Mensch auf der Welt ist und wie sich das Streben nach Wohlstand mit der Sehnsucht nach dem Heil verbinden läßt.

In der Naturreligion war der Wohlstand von der Besänftigung der Naturgeister, der Ahnen und der Toten abhängig, die durch das Opfer ermöglicht wurde; in der Volksreligion durch die gemeinsame Kampfbereitschaft, in der Weltreligion durch das ausschließliche Bekenntnis. Doch die drei Weltreligionen ergänzen einander: Der Buddhismus hat als Ziel den Bodhisattva, der jedem Wesen zum Heil verhilft; der Christ lebt unter dem Gebot der Liebe, das die ethischen Gesetze erfüllt, und der Moslem lebt im Islam die Gottoffenheit: Nicht das Schicksal, sondern eine Frage Gottes spricht aus jedem Ereignis, worauf der einzelne existentiell antworten sollte.

Dennoch wäre eine Vereinigung der Bekenntnisse oder der Religionen, wie dies etwa den Theosophen vorschwebte, ein Unsinn: Bekenntnisse verstellen allesamt den Weg. Desgleichen die Psychologie mit ihrer Ichvorstellung, wenn sie statische Gesundheit oder Persönlichkeitsbildung anstrebt. Das Nichts ist das Tor zur Transzendenz. Daher kann keine Wissenschaft, keine Technik und keine Methodik je dem wirklichen Streben schaden. Ein Atheist ist dem wahren Gott näher als jener Bekennende, der glaubt, durch das Bekenntnis die Erlösung zu erwerben, wie dies im letzten Satz der Predigt des Buddha am Totenbett zum Ausdruck kommt: „… so wirst du von selbst mit der Überwindung des Hochmuts, dich auf dem Weg zum Heil zu wissen, dem Nirvana näherkommen."

Dies bringt uns in eine zweischneidige Situation. Einerseits ist es notwendig, alle religiöse Überlieferung, alle Wege, die die Transzendenz anpeilten, zu verstehen und zu erlernen und gleichzeitig ihre Führer als Weggefährten zu achten, da sie den inneren Kosmos bilden. Andrerseits gehören alle ihre Formulierungen der einen Wirklichkeit zu, müssen kritisch verstanden und aller Substantialität entkleidet werden: Die Bekennenden aller Arten von Ideologien sind die wahren Feinde des neuen Verstehens. Im scheinbaren Opfer ihrer Selbständigkeit setzen sie eine neue ausschließliche Ichhaftigkeit, die schwerer als der bloße Egoismus zu überwinden ist, weil sie im Bekenntnis zur Gruppe scheinbar die Selbstsucht überwindet, jedoch damit diese – die Kirche, Sekte oder Partei – mit der Transzendenz identifiziert und in deren Namen alles, sogar das Opfer des eigenen Lebens fordern kann.

In der traditionellen Metaphysik unterschied man die Richtungen nach Maßgabe der zugrundeliegenden Zahlenstruktur: Monisten, Dualisten, Trinitarier, Verehrer des vierfältigen Gottes oder des fünffältigen natürlichen Menschen (Pentagramm). Doch die Zahlen entstammen der Zahlenwelt, sie sind inhaltlich. Diese Art von Metaphysik gehört zur Grammatik. Sie bestimmt, wie Wissensformen zustande kommen und ist das eigentliche Feld philosophischer Prämissenkritik. Ein Bekenntnis zu einer Zahlenform und damit auch zu einem zahlerzeugten

Gottesnamen wie Dreifaltigkeit verhaftet das Verstehen an einen Aspekt unter Ausschluß der möglichen anderen. Wer drei sagt, sagt nicht zwei, und glaubt er sich als Träger der Wahrheit, so wird er die Gezweiten verfolgen wie die mittelalterliche Kirche die gnostischen Sekten.

Metaphysik im traditionellen Sinn fußt auf einer bestimmten Zahl, die zum Glaubensansatz wird. Diese Prämisse ist nicht denknotwendig; denn die Zahlenwelt selbst weist auf ihren Ursprung in der Null, im Nichts, aus dem – oder im Gegensatz wozu – sie sich verwirklicht. Null ist jene Stelle, wo das Sein zum Etwas durchbricht. Sie ist immer offen, verhindert die Schließung des Systems der Zahlenwelt. Damit werden alle Zahlen zum Gegenstand des Wissens, zu Klassen der Wirklichkeit; sie zeigen die Art und Weise, wie sich die Wirklichkeit aus Elementen zu Erscheinungen verknüpft.

Da nur das Ich den Weg zu Gott findet, sind die Strebungen aller Religionsarten – Naturreligionen des Körpers, Volksreligionen der Seele und Weltreligionen des Geistes – gleich wertvoll. Ihre Gemeinsamkeit finden sie in dem, was die wirkliche Brücke ausmacht: in der Systemik des Rades, die seit Anfang der Geschichte offenbart wurde, biblisch gesprochen die Sprache vor dem Turmbau zu Babel.

Übertragen auf den einzelnen Menschen bedeutet das, daß jeder sein illusionäres Ichbild überwindet, wenn er sich nach der kosmischen Ganzheit orientiert. Die Weisheit des Rades ist freilich nur jenen zugänglich, die den Schritt aus der Ideologie in das analoge Denken wagen. Und das analoge Denken wiederum verlangt das exakte phänomenologische und strukturelle Erfassen der Gegebenheiten unserer Wirklichkeit: Raum, Zeit, Tonwelt, Farbwelt, Struktur des menschlichen Bewußtseins und besonders der Wirkweisen im Mikrokosmos, die erst heute von der Naturwissenschaft so weit erforscht wurden, daß sie die wesentliche Aufgabe der Wassermannzeit, die Vereinigung von Materie und Geist, ermöglichen können.

Wer sich also persönlich und kollektiv zur neuen Zivilisation unter Anerkennung aller Traditionen und Kulturen entschließt, hat Teil an der Wassermannzeit, und lebt im RAD. Auf der Erde gibt es künftig keine Klassen, keine Eliten. Denn alle Menschen, die das Urbild erkennen, bedürfen keiner Mittler.

So hat jeder Mensch seinen eigenen Weg gemäß seiner Anlage. Was immer auf die Ganzheit gerichtet ist, findet seinen sinnvollen Ort im Kosmos: Wer sein Wesen gefunden hat, lebt an der Nahtstelle zwischen Traum und Wachen, zwischen Chaos und Kosmos, im Sinne des Sufispruches, daß der einzige Name, durch den Allah zu erreichen ist, der eigene sei.